Third Edition

حقوق النشر والتوزيع محفوظه لدى

دار الصديق للنشر والتوزيع

P.O.Box: 641 Amman-Jordan 11941

Tel: +962 6 565 404/ 5

Fax: +962 6 565 6402

Email: info@daralsadeeq.com

المملكة الأردنية الهاشمية

رقم الإيداع لدى دائرة المكتبة الوطنية

2354 / 7/ 2009

Written by:

Dr. Fakhri Tommalieh and Nargis Samawe

Designed and Illustrated by:

Wa'ad Diab Al-Ghussinu

Part 1

الجزء الأول

Individual sales: This book is available through Amazon.com, most of bookstores or can be ordered directly from Dar Alsadeeq Publishing at alsadeeq.usa@gmail.com .

For information about quantity special sales, schools,academic institutions, associations, corporate and retail purchases,please contact Dar Alsadeeq Publishing at alsadeeq.usa@gmail.com

يتحمل المؤلف كامل المسؤولية القانونية عن محتوى

مصنفه ولا يعبرَ هذا المصنف عن رأي دائرة المكتبة

الوطنية أو أي جهة حكومية أخرى.

FIRST GRADE LEARNING ARABIC LANGUAGE
STEP- BY- STEP APPROACH
WORKBOOK
PART 1
THIRD EDITION

Written by Fakhri Tommalieh (PhD), and Nargis Samawe (MBA)

Authors' Profile:

Fakhri Tommalieh (Ph.D) has more than 35 years' of experience, as classroom teacher, a Lecturer in Jordan State University, Curriculum Development Specialist for United Nations (UNRWA / UNESCO) Elementary, and Secondary Schools in the Middle East, and Dean of Amman Community College. Dr. Tommalieh is the author of numerous books and educational materials.

Narges Samawe is an innovative teacher with MBA degree in education, with more than 25 years of in-classroom experience, who taught Arabic language in several private schools. She is the Arabic language school supervisor. She is active in teaching staff development, and an also author of numerous educational papers and study guides.

Designer: Wa'ad Diab Al-Ghussinu

To order books, please place your order by email to: alsadeeq.usa@gmail.com
or by phone at (619) 761-5329

Please visit our interactive learning website at www.daralsadeeq.com
Published by Dar Alsadeeq Publishing and Distribution Copyright ©2011 by Dar Alsadeeq Publishing and Distribution. All right reserved. Printed in USA

ISBN-13 : 9780615527123 ; ISBN-10 : 0615527124

Library of Congress Control Number: 2011918502

Dar Alsadeeq Publishing and Distribution grants teachers' permission to photocopy the reproducible pages from this book for classroom use. No other part of this publication may be reproduced in whole or in part, or stored in a retrieval system, or transmitted in any form by any means, electronic, mechanical, photocopying, recording, or otherwise without permission of the publisher. For information regarding permission, write to Dar Alsadeeq Publishing and Distribution at Alsadeeq.usa@gmail.com

Book Description:

This workbook is designed to help children learn Arabic language by most experienced and respected experts in elementary school education field. The book features variety of essential basic language learning skills.

1. Workbook part "1" focuses on the first sixteen Arabic alphabet letters consonants, short vowels (diacritical marks) and more, by attaching name and sound to each letter. The remaining alphabet letters will be introduced in the second edition of First Grade Learning Arabic language Step-By-Step Approach Workbook Part 2.

2. This beautifully illustrated workbook provides hundred of colorful pages and fun activities to teach beginner readers to relate sounds to letters, to spark children's imaginations, and foster a love of learning.

3. The workbook introduces the concept of printing with Arabic alphabet letters to children. The workbook teaches children to use simple combination of the Arabic alphabet letters to write a combination of simple words to build his / hers self-esteem to develop reading and writing skills.

4. The workbook introduces children to new vocabulary, by associating words with pictures. The workbook provides a picture that representing the feature word, then the feature word is used in combination with other words to create simple phrases and sentences.

5. The workbook introduces children to concepts of print, by teaching children that the written words are made up of varying combinations of letters.

6. The workbook provides parents and teachers with new techniques, and information on teaching methods.

7. The workbook helps parents and teachers assess their children / students reading readiness.

8. This workbook is a well thought out curriculum, which is designed by teachers for teachers. This workbook offers common sense strategies for veteran (seasoned) teachers to be more effective educator, and a valuable resource for aspiring or new teachers.

9. This workbook is a valuable resource for parents, who want to supplement their children schools' textbook, or teach their young children to read at home, or support their struggling children, to improve their reading skills. Young readers will benefit from this workbook inside, and outside the classroom.

10. If you are a teacher looking for practical knowledge, tested activities to create a positive impact on your student, and real tools that you can use to make the most of your student time, this workbook is for you.

11. This book has everything you need to teach First Grade Students Arabic alphabet, script, writing, handwriting, reading, vocabulary, grammar, language basics and structure.

12. This workbook is a valuable resource for parents, who want to teach their US - born children their native Arabic language in a fun home schooling environment.

الدَّرسُ الأوَّلُ

الألف الممدودة: صَوْتًا ، نُطْقًا ، تَجْرِيدًا وَرَسْمًا

(ا ، ى)

١ أَسْمَعُ الكَلِمَةَ ثُمَّ أُصفِّقُ عِنْدَما أَسْمَعُ صَوت (ا) :

وَلَدٌ ، بِنْتٌ ، ماجِدٌ ، قَلَمٌ ، كِتَابٌ ، عُلومٌ

سَيَّارَةٌ ، أَلْعَابٌ ، تُوتٌ ، نَبَاتٌ ، بَيْتٌ ، حَيوانٌ

- أحْزِرُ وأَصِلُ بالصُّورةِ الَّتي تَبْدأُ بالْحَرفِ (أ) :

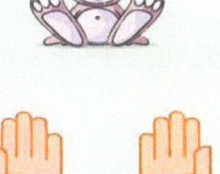

- تُخَاطُ بِيَ الْمَلابِسُ وَرَأْسِي حَادٌّ .

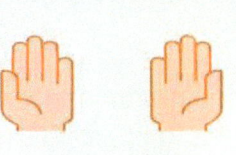

- أَقْفِزُ مِن مَكَانٍ لآخرَ ويُغطِّي جِسْمي الفَرْوُ،

وَأُحِبُّ أَكْلَ الجَزَرِ .

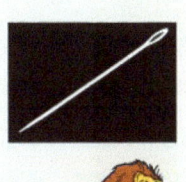

- حَيَوانٌ مُفتَرِسٌ اسْمِي مَلِكُ الغابَةِ .

- مَكانِي في الْوَجْهِ أُسْتَخْدَمُ لِحَاسَّةِ الشَّمِّ .

- مَوجُودٌ في يَدِكَ وعَدَدي عَشْرَةٌ .

٢ أُلَوِّنُ ◯ عِندَ سَماعي صَوتَ الصُّورةِ الَّتي تَحوي الصَّوتَ (ا) :

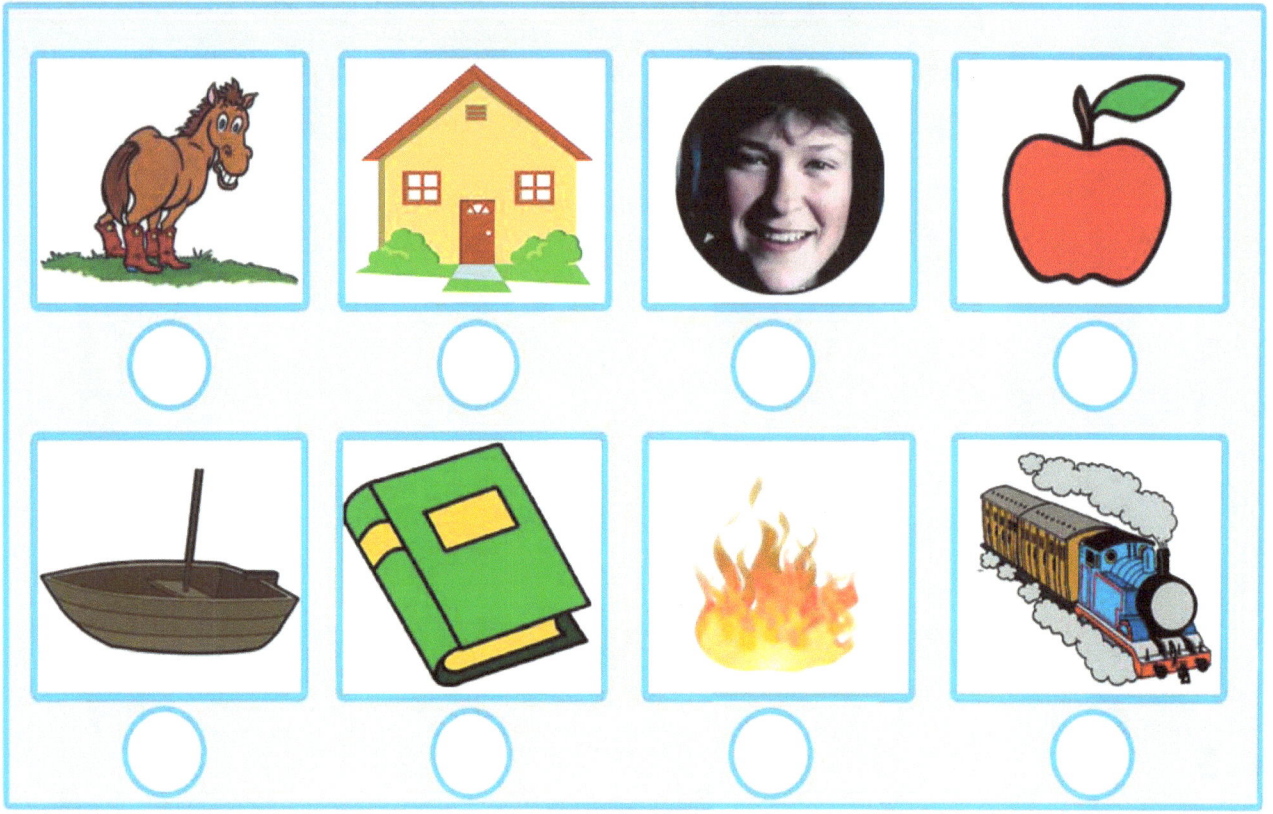

◯ ◯ ◯ ◯

◯ ◯ ◯ ◯

٣ أقْرَأُ الصُّورَ الآتيةَ ثُمَّ أكْتُبُ الحَرفَ النَّاقِصَ في الْفَراغِ أسْفَلَ الصُّورَةِ:

ا ى ا

حِذ...ء

نـ...ر

كِتـ...ب

بـ...ب

اسْمُ أُختي سَلو...

سمـ...ء

اسْمُ أُمِّي لَيْلـ...

٤ أُكْمِلُ الْفَرَاغَ بِأسْمَاءِ أَفرَادِ أُسْرَتِي فِيمَا يأتي :

أَنا .... أَبي .... أمي ....

أَخي .... أُختي ....

أُحِبُّ أُسْرَتي كَثيراً .

٥ أرْسُمُ ◯ حَوْلَ حَرفِ (ا ى) فيما يأتي :

لَيلى سَلْوى نَاجي

سَامي رَامي وَاحِدٌ

رَاجي سَلْمى تُفَّاحٌ

مُنى

نَلْعَبُ مَعًا ونُساعِدُ الضِّفْدَعَ

٦ لأصِلَ إلى الجِهَةِ الْمُقابِلَةِ،أَصِلُ بَينَ صُوَرِ الْكَلِماتِ الَّتي تَحْوي الصَّوتَ (ا) :

شُكرًا على المُساعدةِ

٧ أكتُبُ الحَرف (ا) كما في المِثال :

باب	سلوى	أنا
....	....	....
....	....	....

الدَّرسُ الثَّاني

الواو ممدودة ومتحركة: صَوْتًا ، نُطْقًا ، تَرْكِيبًا ، تَجْرِيدًا وَرَسْمًا

(و)

١ أُلَوِّنُ ◯ أسفَلَ الْكَلِمَةِ الَّتي تَحوي صَوْتَ الْحَرْفِ (و) :

٢ احْزَرْ مَنْ أنا ، ثُمَّ أكْتُبْ في الْفَراغِ الْحَرْفَ الْأوَّلَ مِنِ اسْمي :

- رائِحَتي جَميلَةٌ ، أَلْواني عَديدَةٌ ، أُزْهِرُ في فَصْلِ الرَّبيعِ ؟ ا

....

- لَوْني أخْضَرُ ، وَأُغَطِّي أَغْصانَ الشَّجَرِ ؟

....

- أنا رَقَمٌ في الرِّياضِياتِ ، أَكونُ مَمْدودًا وَطَويلاً ؟

....

٣ أَسْمَعُ الْكَلِماتِ ، ثُمَّ أَرْفَعُ يَدِي الْيُمْنَى عِنْدَ سَماعِ صَوْتِ (و) فِي الْكَلِمَةِ :

وَلَدٌ ، كِتابٌ ، مِبْراةٌ ، وَحِيدٌ ، خَوْخٌ

قَلَمٌ ، صَفٌّ ، فُولٌ ، صَدِيقٌ ، وَاحِدٌ

٤ أَخْتارُ الشَّكْلَ الْمُناسِبَ لِحَرْفِ (و) وأَكْتُبُهُ فِي الْفراغِ :

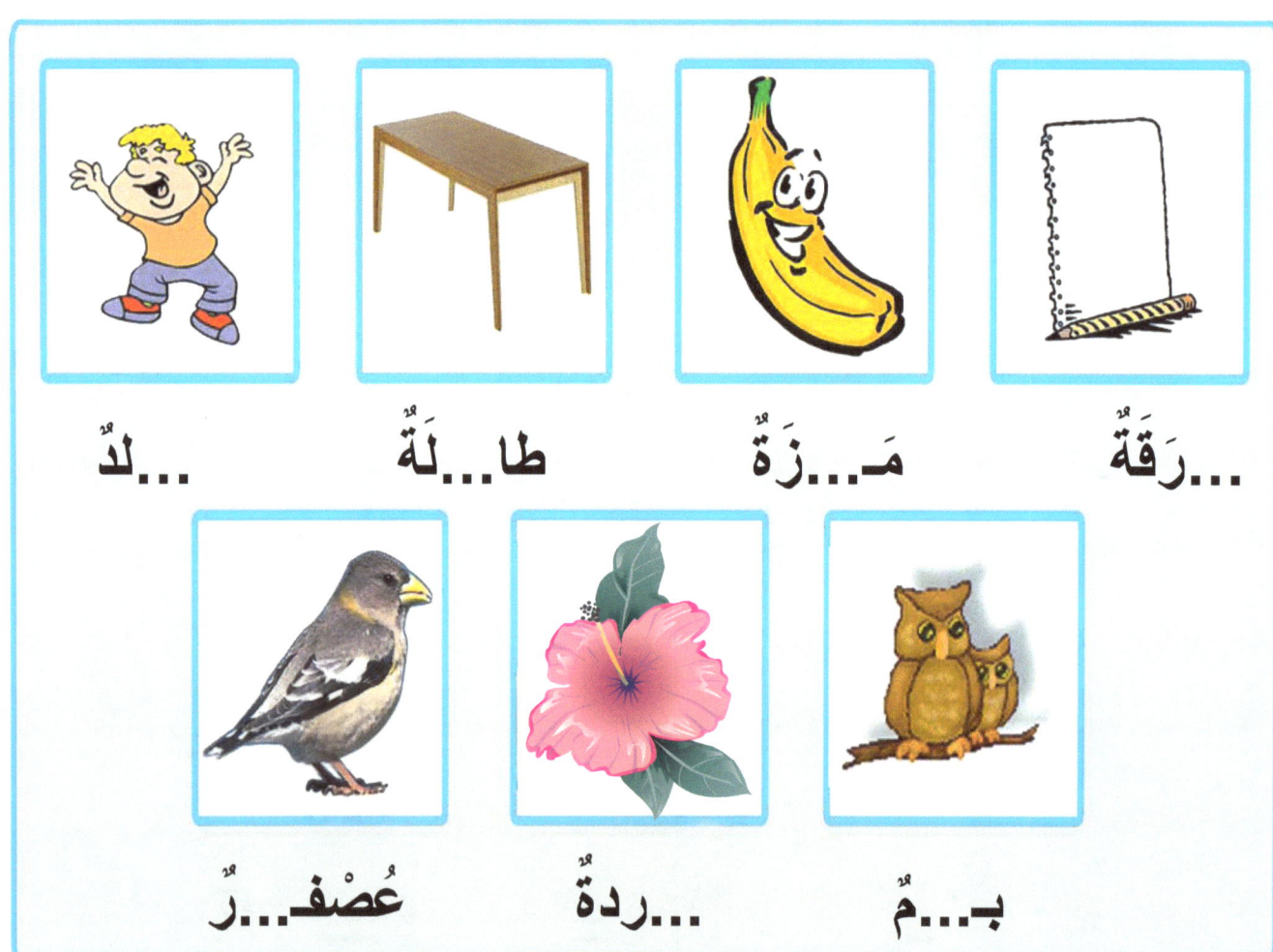

...رَقَةٌ   مَ...زَةٌ   طا...لَةٌ   ...لَدٌ

بـ...مٌ   ...ردةٌ   عُصْف...رٌ

٥ أخْتارُ الْحَرفَ الْمُناسِبَ لأُكْمِلَ الْكَلِمَةَ الدَّالَّةَ عَلى الصُّورَةِ :

ا　　و　　ى

...رقةٌ

كِتـ...بٌ

كـ...بٌ

لَيلـ...

د...رٌ

شُبَّـ...كٌ

بـ...بٌ

خَر...فٌ

ر...مي

٦ أَرْسُمُ ◯ حَوْلَ الْكَلِماتِ الَّتي تَحْوي مَقطَعَ (وا) :

ا

واحِدٌ أوْلادٌ وَرْدَةٌ وادٍ

٧ أَقْرَأُ ثُمَّ أَكْتُبُ :

وَالدٌ	وَاقفٌ	وَاحدٌ
.....	.....	.....
.....	.....	.....
سُوْسٌ	سُوقٌ	وَلَدٌ
.....	.....	.....
.....	.....	.....

الدَّرْسُ الثَّالِثُ

الياءُ مَمْدودةٌ ومُتَحرِّكةٌ: صَوْتًا ، نُطْقًا ، تَرْكِيبًا ، تَجْرِيدًا وَرَسْمًا

(ي ، يـ)

١ أَصِلُ بَيْنَ مَرافِقِ الْمَدرَسَةِ والْكَلِمَةِ بَعْدَ سَماعِها :

مَلْعبٌ

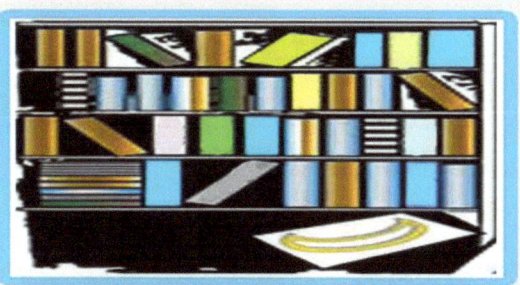

مَكْتَبَةٌ

غُرْفَةُ الصَّفِّ

٢ أَرْسُمُ ◯ حَوْلَ الْكَلِمةِ الَّتي أَسْمَعُ فيها صَوتَ (ي) :

سَعيدٌ ، سامِرٌ ، وَليدٌ ، زَيدٌ ، رَامي ، فَهْدٌ

لَيْلى ، رُبا ، مَرْيمُ ، غادَةُ ، رَبابُ

٣ أُلَوِّنُ ⬤ أَسْفَلَ الصُّورَةِ الَّتِي تَدُلُّ عَلَى وَاحِدٍ مِنْ مَرَافِقِ الْمَدْرَسَةِ:

٤ أُكْمِلُ النَّصَّ بِالْكَلِمَةِ الْمُنَاسِبَةِ:

مُرِيحَةٌ ، نَظِيفَةٌ ، جَمِيلَةٌ ، كَثِيرًا

أَرِيجُ تَقُولُ: مَدْرَسَتِي .... مَرَافِقُها ....
ومَقَاعِدُها .... وَأُحِبُّها ....

٥ أَضَعُ ✓ أَمَامَ الْإِجَابَةِ الصَّحِيحَةِ:

مَقَاعِدُ مَدْرَسَتِي مُرِيحَةٌ.

مَرَافِقُ مَدْرَسَتِي قَلِيلَةٌ.

أُحِبُّ مَدْرَسَتِي.

مَدْرَسَتِي غَيْرُ نَظِيفَةٍ.

٦ أُلَوِّنُ حَرفَ (ي) في كُلِّ كَلِمَةٍ ، وأَكْتُبُهُ في ◯ كما في الْمِثالِ:

يَشْرَبُ وَلِيدٌ الْحَليبَ لِأَنَّهُ يُقَوِّي الْجِسْمَ .

يَـ

يَسْكُنُ ياسرُ في سوريَّةَ .

٧ أَكْتُبُ حَرفَ (ي) بِشَكْلِهِ الْمُناسِبِ في الْفَراغِ :

يـ ي

عَـ...ن

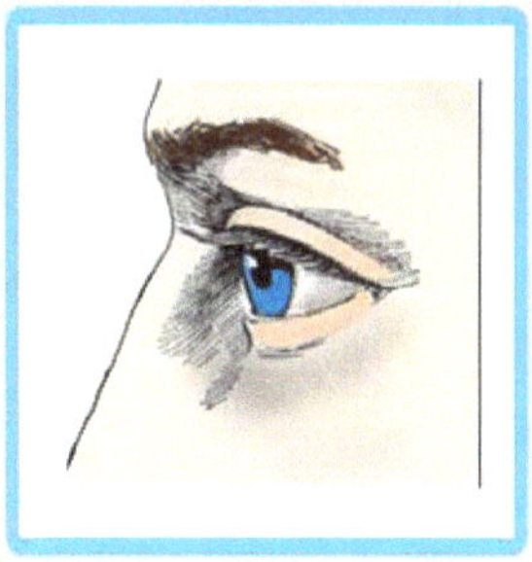

بَـ...ت

دِ...ك

لَـ...مون

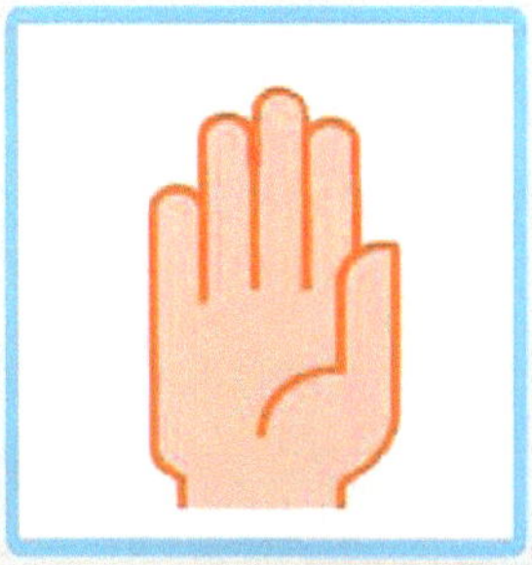

...د

مِـ...زان

غُـ...وم

سَر...ر

الدَّرْسُ الثَّالِثُ

٨ أُكْمِلُ كَما في المِثال :

هَذا  باسِل وَ   هَذا قَلَمي

هَذا  عامِر وَ   هَذا كِتابَ...

هَذِهِ  رامي وَ   هَذِهِ سَيَّارَتِ...

هَذِهِ لَيْلى وَ   هَذِهِ لُعْبَتِ...

٩ أَسْمَعُ الْكَلِمَةَ ثُمَّ أَضَعُ النِّقاطَ تَحْتَ الْحَرْفِ الْمُلَوَّنِ إِذا احْتَجْتُ :

(داري) (لَيْلى) (وَادي) (سَلْوى) (سُورى) (فَتى)

١٠ أَقرأُ ثُمَّ أَكْتُبُ :

وَادِي	أَبي	سَليمٌ	يَدٌ
.....	.....	.....	.....
.....	.....	.....	.....

الدَّرْسُ الرَّابِعُ

حَرْفُ الْبَاءِ: صوتًا ، تجريدًا ، نُطقًا ورسمًا

(ب ، بـ)

أُتِمُّ جُمْلَةً بِالْكَلِمَةِ المناسِبةِ

١ أَخْتارُ الْكَلِمَةَ الصَّحيحَةَ لأُكَوِّنَ جُمْلَةً :

تَكْتُبُ ، يَرْسُمُ ، يَسْمَعُ

أَبي .... لَوْحَةً جَميلَةً.

رامي .... الْمُوسيقا .

مَنالُ .... رِسالَةً .

٢ أَحْزِرُ وَأَكْتُبُ في الْفَراغِ :

- مِنَ الْخُضارِ لَوْنُها أَحْمَرُ وَطَعْمُها لَذيذٌ نَضَعُها على السَّلَطَةِ وتبدأُ بالصَّوتِ (ب)؟ ....

- فاكِهَةٌ لَذيذَةٌ لَوْنُها أَخْضَرُ مِنَ الْخارِجِ ، وَمِنَ الدَّاخِلِ أَحْمَرُ ، وفيها بُذورٌ سَوْداءُ ، و تبدأُ بالصَّوتِ (ب)، وتَنْتَهي بالصَّوتِ (خ)؟ ....

- ثَمَرَةٌ حُلوةٌ وَلذيذَةٌ ، شَجَرَتُها عاليةٌ ، واسْمُها يبدأُ بالصَّوتِ (ب)، وَينتَهي بالصَّوتِ (ح)؟ ....

٣ أَرْسُمُ ◯ حَوْلَ حَرْفِ (ب) :

سَبْعَةٌ ، باسِمٌ ، باسِلٌ ، مريَمٌ
أَبي ، أُحِبُّ ، تَكْتُبُ ، تَبْقَى ، أَقارِبُ

٤ أَتَعَرَّفُ إِلى اسْمِ الصُّورةِ وأَكْتُبُ الْحَرْفَ الَّذي تَنْتَهي بِهِ :

٥ أَصِلُ بِخَطٍّ بَيْنَ الْمَقْطَعِ والْكَلِمَةِ الَّتي أَجِدُهُ فيها :

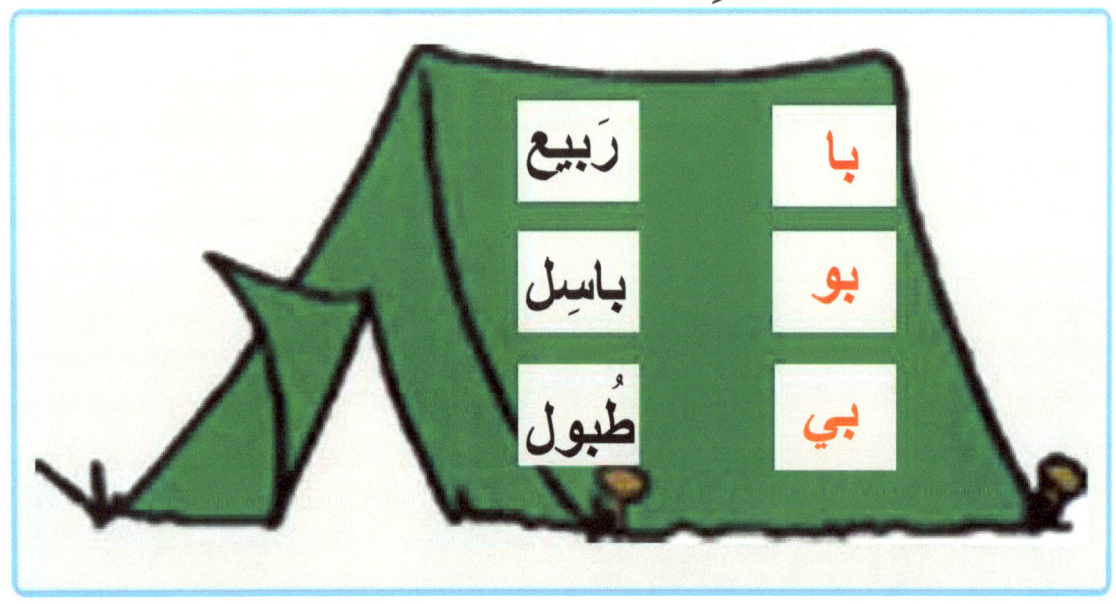

٦ أَكْتُبُ حَرْفَ (ب) بِشَكْلِهِ الصَّحيحِ في الْفَراغِ أَسْفَلَ كُلِّ صُورَةٍ مِما يأتي :

بـ ب

كِتا...

...قَرَةٌ

...نَايَةٌ

...طِّيخٌ

...يْتٌ

عِنَـ...

جَـ...لٌ

ثِيا...

٧ أَشْطبُ الْحرفَين (ب ، ي) ثُمَ أَجْمَعُ بَقيَّةَ الْحُروفِ فَأَحْصُلُ عَلى شَيْءٍ شَكْلُهُ جَميلٌ ، ورائِحَتُه حُلْوَةٌ ، وأَكْتُبُ في الفَراغِ :

ب	و	ب	ي	ر	ب	د	ي	ب

....

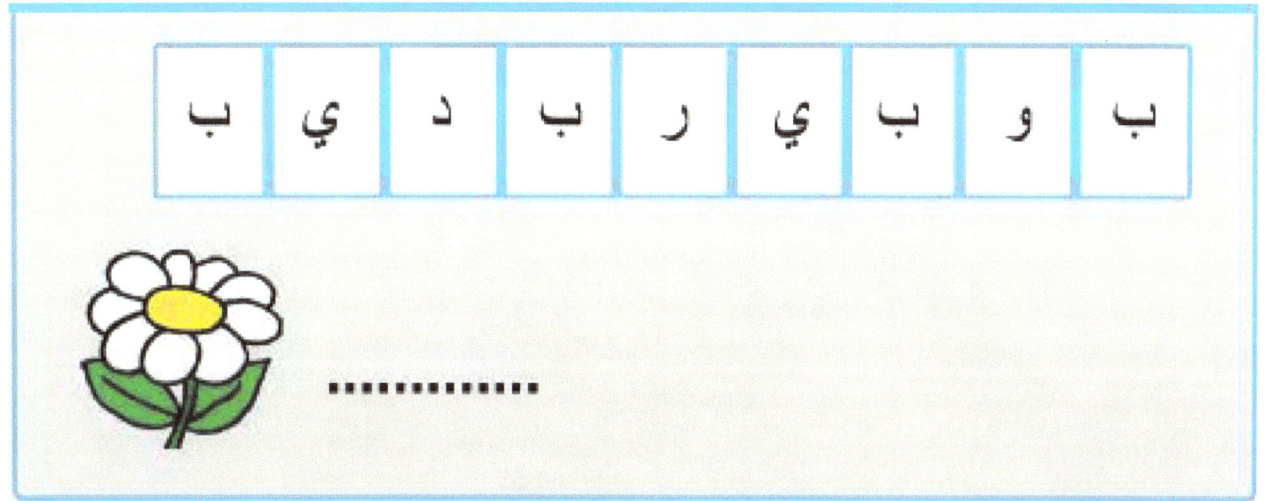

٨ أَرْبِطُ بَيْنَ الصَّوتِ الْقَصِيرِ والصَّوتِ الْمَمدودِ في الْعَمُودِ الثَّاني :

بَ	بو
بُ	بي
بِ	با

٩ أَكْتُبُ الْحَرفَ (ب) مَكانَ الْحَرفِ الْمُلَوَّنِ وأَقْرَأُ :

غابٌ	....	
يَومٌ	....	
ناسٌ	....	

الدَّرْسُ الرَّابِعُ

١٠ أَقْرَأُ ثُمَّ أَكْتُبُ:

بابٌ	باسِلٌ	بَيْتٌ	أُحِبُّ
.....	.....	.....	.....
.....	.....	.....	.....
.....	.....	.....	.....

با	بَ	بو	بُ	بي	ب
.....	.....	.....	.....	.....	.....
.....	.....	.....	.....	.....	.....
.....	.....	.....	.....	.....	.....

الدَّرسُ الخامِسُ

حَرْفُ السِّينِ : صَوْتًا ، نُطْقًا ، تَرْكِيبًا ، تَجْرِيدًا وَرَسْمًا

(س ، سـ)

أُحَلِّلُ وأُرَكِّبُ

١ أَقْرَأُ النَّصَّ الآتي وأَضعُ ◯ حَوْلَ حَرْفِ (س).

أَنا سَامي ، وَأَخي سَامِرٌ ، وأُخْتي سَميرَةُ ، ذَهَبْنا إِلى السِّيرْكِ ، وشَاهَدْنا الأُسُودَ الْمُدرَّبَةَ ، وشَرِبْنا السُّوسَ ، وكُنَّا سُعَداءَ .

أَسْتَخْرِجُ مِنَ النَّصِّ ما يأْتي وأَرْسُمُ شَكْلَهُ الصَّحيحَ .

كَلِمَةً في أوَّلِها (س)

.... (   )

كَلِمَةً في وَسَطِها حَرفُ(س)

.... (   )

كَلِمَةً في آخرِها حرفُ (س)

.... (   )

٢ في الْجُمْلَةِ الآتيةِ أَقْرَأُ وأُنَفِّذُ ما يأتي:

سَافَرَ سَامي إِلى سُورِيَّةَ يَوْمَ السَّبْتِ .

- أَحْصُرُ كُلَّ كَلِمَةٍ في دائِرة .
- أُلَوِّنُ حَرفَ (س) في الْكَلِمَة .
- أَكْتُبُ عَدَدَ الأَحْرُفِ للكَلِماتِ الَّتي تَحْوي حَرفَ (س) .

٣ أَكْتُبُ اسْمًا مُذَكَّرًا وأُكْمِلُ الْحَلَّ :

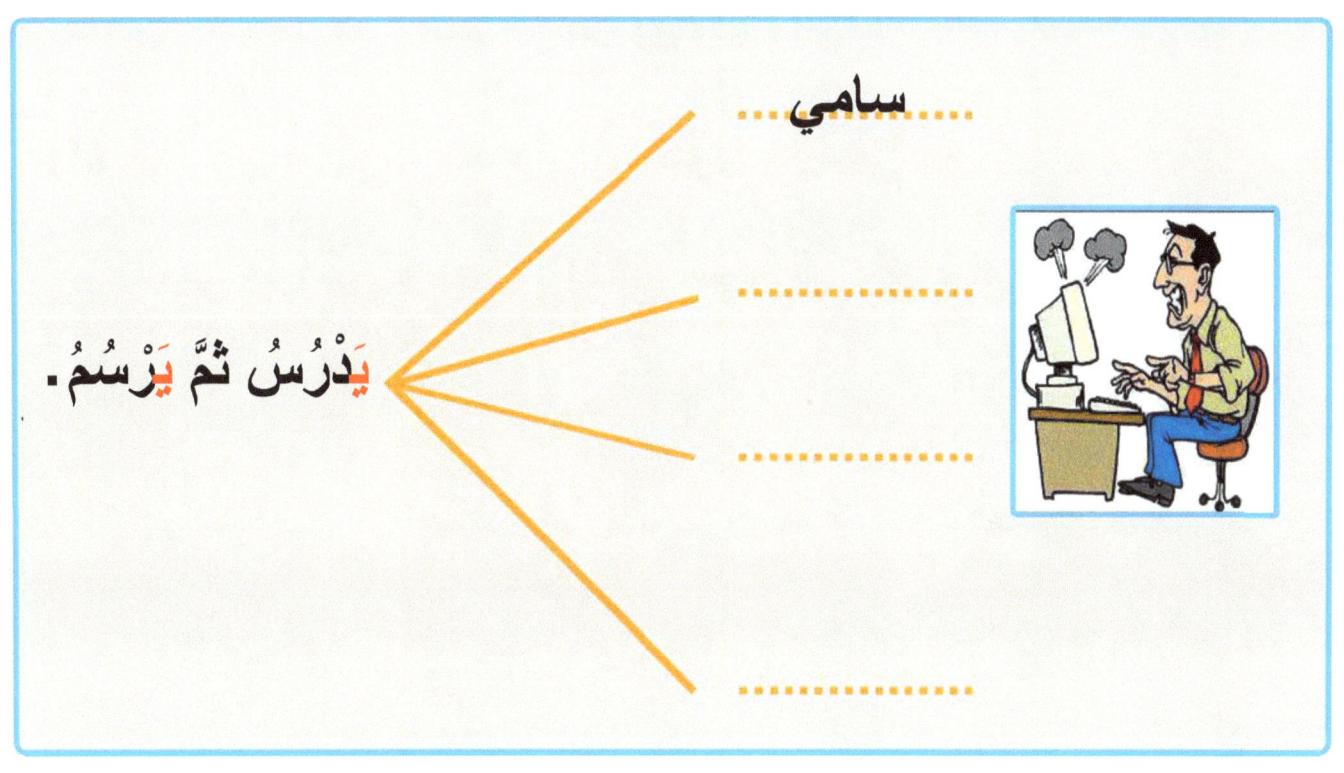

سامي ....

....

....

....

يَدْرُسُ ثمَّ يَرْسُمُ .

٤ أَكْتُبُ اسْمًا مُؤَنَّثًا وَأُكْمِلُ الْحَلَّ :

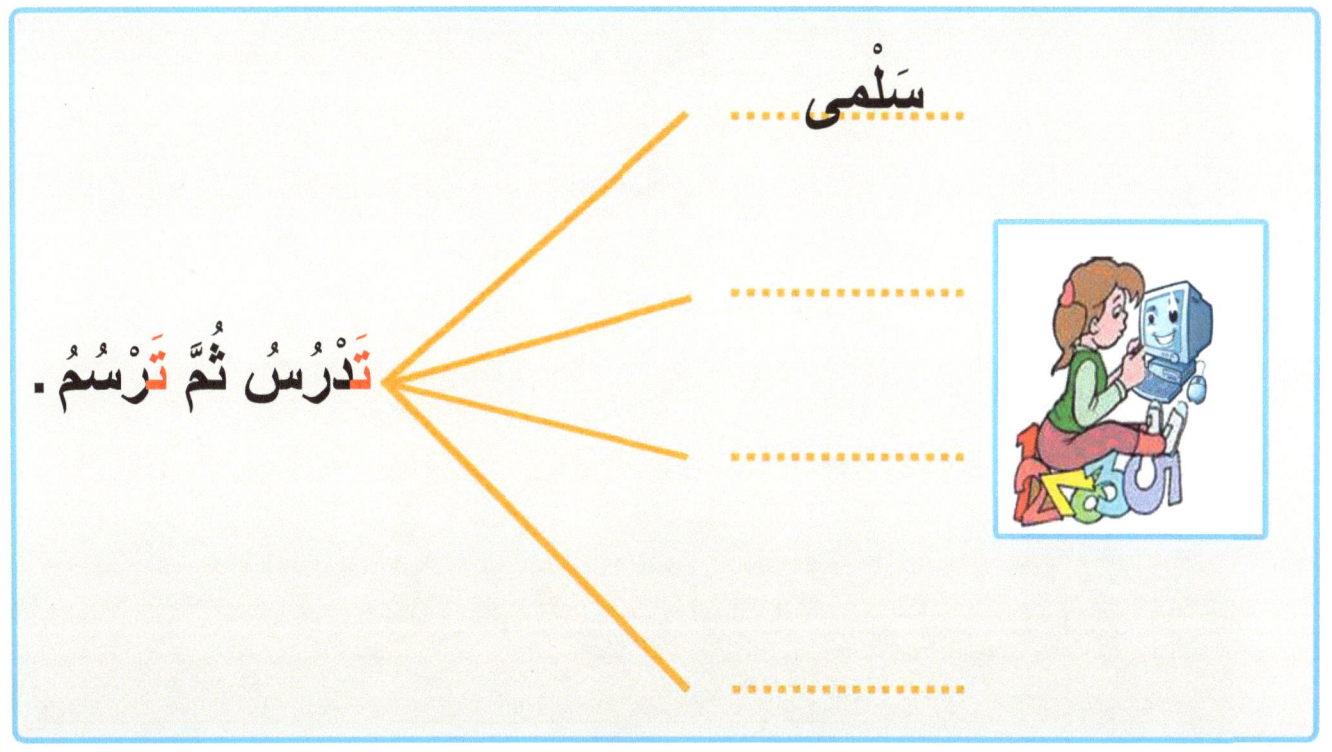

سَلْمى ....

....

....

....

تَدْرُسُ ثُمَّ تَرْسُمُ .

٥ أَضَعُ ✓ في الدَّائرةِ الَّتي تَحوي صَّوتَ الْحَرفِ **س**

٦ أَخْتارُ الْمَقْطَعَ المُناسِبَ لأُكَوِّنَ كَلِماتٍ جَديدةً كَما في المِثالِ الأَوَّلِ:

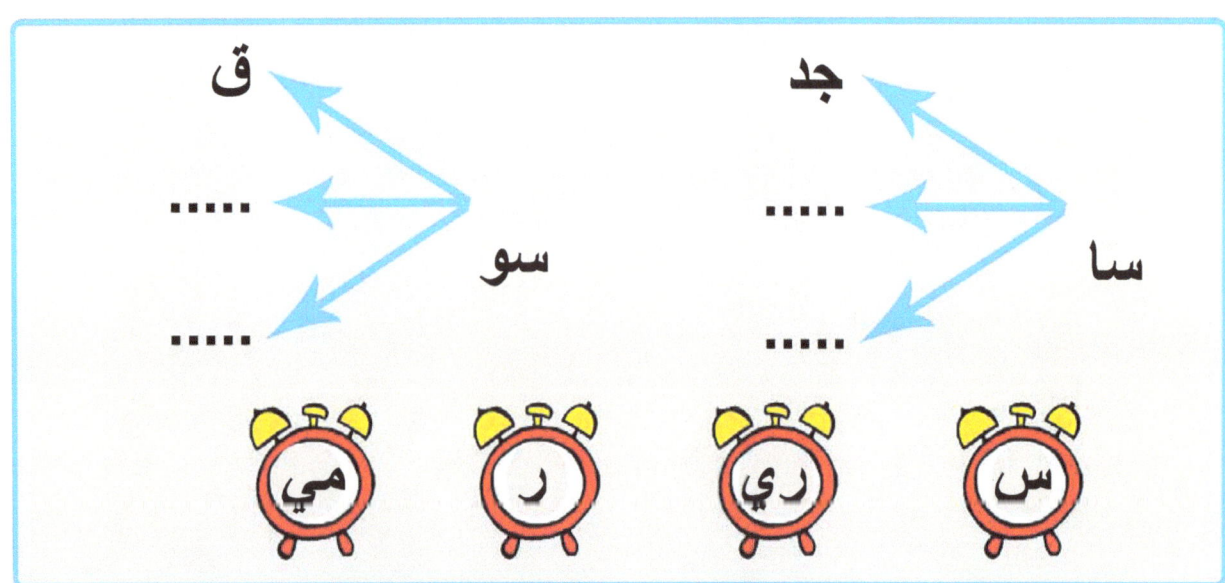

سا ← جد
سا ← .....
سا ← .....

سو ← ق
سو ← .....
سو ← .....

٧ أَصْعَدُ الدَّرَجَ لِأُكَوِّنَ كَلِمَةً ثم أَكْتُبُها في الْفَراغِ :

٨ أقْرَأُ الْكَلِمَةَ وأكْتُبُ الْحُروفَ النَّاقِصَةَ في الْفَراغِ :

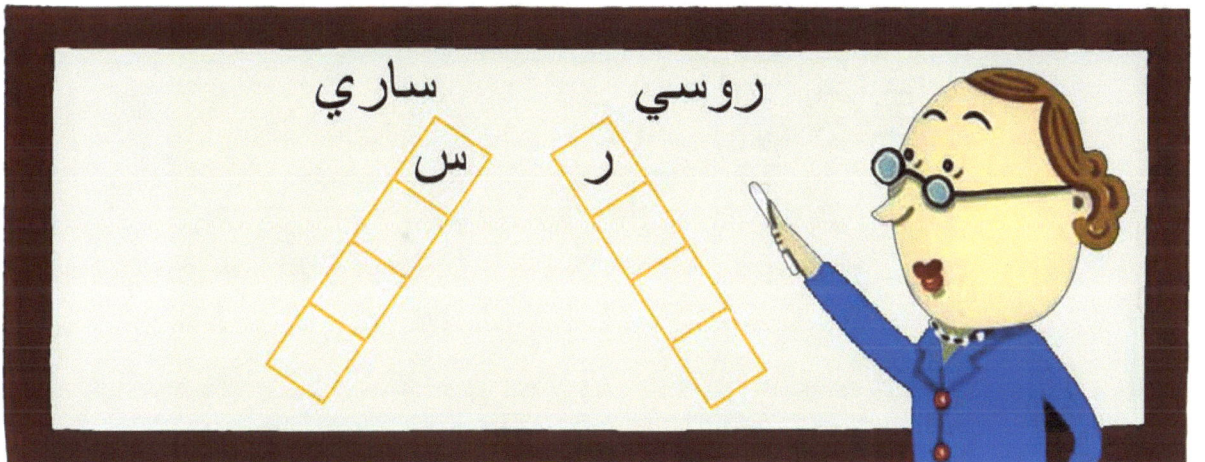

٩ أَكْتُبُ الْمَقْطَعَ الْمُناسِبَ لأُكَوِّنَ كَلِمَةً كَما في الْمِثالِ :

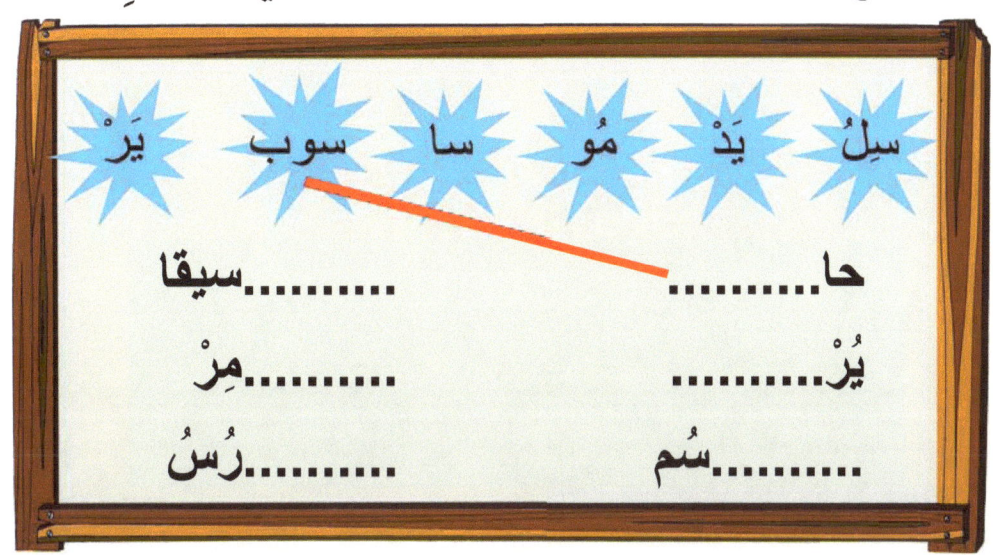

١٠ أَلْعَبُ وَأَحْزِرُ ، وَإِذا كانَتِ الْإِجابَةُ صَحِيحَةً ، أَضَعُ إِشارَةَ ✓ في ◯ ما الشيْءُ :

- نَسْتَعْمِلُهُ لِتَقطيعِ الْخُضارِ ؟ ◯
- شَرابٌ بارِدٌ وَلَذيذٌ نَشْرَبُهُ في الصيف؟ ◯
- تَظْهَرُ فيها النُّجومُ لَيلاً ؟ ◯
- يَضَعُها الطَّبيبُ عَلى صَدْرِ الْمَريضِ لِيَسْمَعَ دقَّاتِ قَلْبِهِ ؟ ◯
- نَضَعُهُ في يَدِنا ونَعرِفُ بِهِ الْوقْتَ ؟ ◯
١١ أَذْكُرُ اسْمَ ولدٍ أَوْ بِنْتٍ يَبْدَأُ بِصَوْتِ الْحَرْفِ (س) مِثْلَ :

سالم	سمر
....	....
....	....
....	....

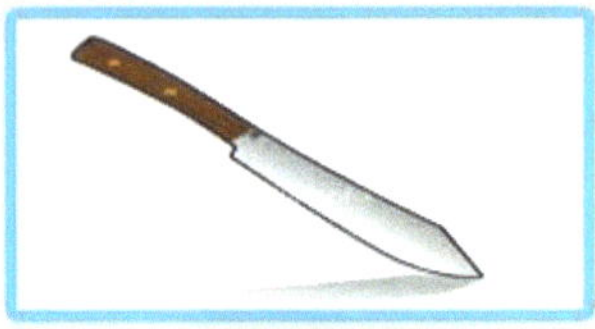

١٢ أَقْرَأُ حَرْفَ (س) ثُمَّ أَكْتُبُهُ في الْفَراغِ بِشَكْلِهِ الصَّحيحِ :

سـ   س

- ...ـارَ ...ـامِي إلى الـ...ـوقِ ، واشْتَرى كُو...ـا وَعادَ مُـ...ـرِعًا إلى أُ...ـرَتِهِ .
- يَدْرُ... ...ـالِمٌ دُرو...ـهُ .
- رَ...ـمَ بَا...ـمٌ ...ـمَكَةً .

١٣ أُرَكِّبُ الحُروفَ ، وأُكَوِّنَ كَلِمَةً ثُمَّ أُلَوِّنُ حَرفَ (س) كَما في الْمِثالِ:

عـ سـ ل	عسل	سـ.............
سـ ا مِـ رُ		....
سـ ا حِـ رُ		....
سـ و س		....
سِـ رْ بٌ		....

١٤ أَقْرَأُ ثُمَ أَكْتُبُ :

سار	ساري	في	السُّوقِ
......	......	......	......
......	......	......	......
......	......	......	......

سا	سَ	سو	سُ	سي	س
......	......	......	......	......	......
......	......	......	......	......	......
......	......	......	......	......	......

تَتَكَوَّنُ الْكَلِمَةُ مِن أحْرُفَ

١ أَكْتُبُ عَدَدَ حُروفِ كُلِّ كَلِمَةٍ كَما في الْمِثالِ :

باسِلٌ (٤) — بُلْبُلٌ ( ) — حاسوبٌ ( ) — حَقيبَتي ( )

سباحةٌ ( ) — سلوى ( ) — قَلَمٌ ( )

٢ أُحَلِّلُ الكَلِمَةَ إلى حُروفِها ، كَما في المِثال :

يَكتبُ: يَـ | ـكـ | ـتـ | ـبُ

يابِسٌ: ☐☐☐☐

ياسِرُ: ☐☐☐☐

سَلوى: ☐☐☐☐

زَيْنَبُ: ☐☐☐☐

أُسْرَتي: ☐☐☐☐☐

٣ أَقْرَأُ ثُمَّ أَبْحَثُ عَنِ الْكَلِمَةِ وَأُحيطُها بِدائِرَةٍ كَما في المِثالِ :

دَرَسَ ✗
رَسَمَ
سَبَحَ
كَتَبَ

ر	سـ	م	د
كـ	ت	ب	ر
سـ	ب	ح	س

٤ أَصِلُ الْمَقاطِعَ الآتيَة وَأَشْكُلُ الْكَلِمَةِ:

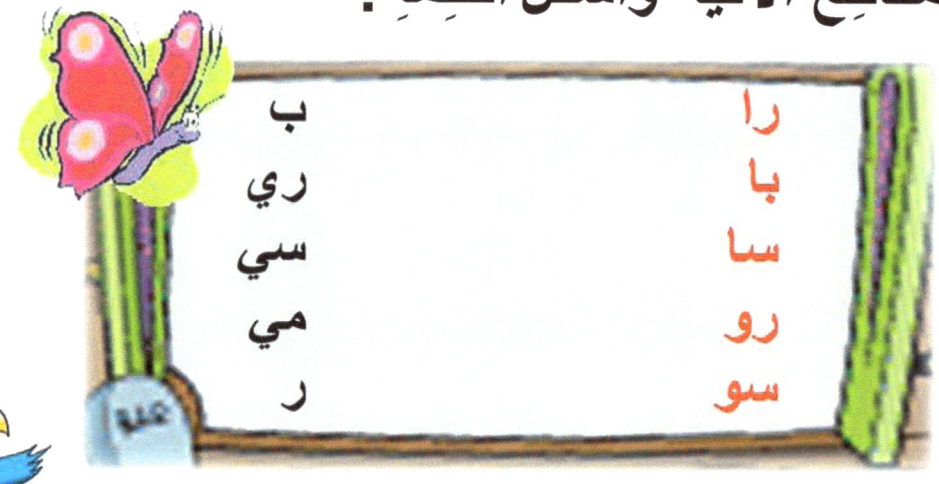

را	ب
با	ري
سا	سي
رو	مي
سو	ر

٥ أَصِلُ بَيْنَ الْكَلِمَةِ وَ الصّورَةِ الدّالَّةِ عَلَيْها :

عَجَلٌ
صُخورٌ
مَطْعَمٌ
نُجوم

(ى - أ - و - ي - ب - س)

٦ أَصِلُ الحَرفَ بالصُّورَةِ الَّتي تَبْدأُ بِهِ :

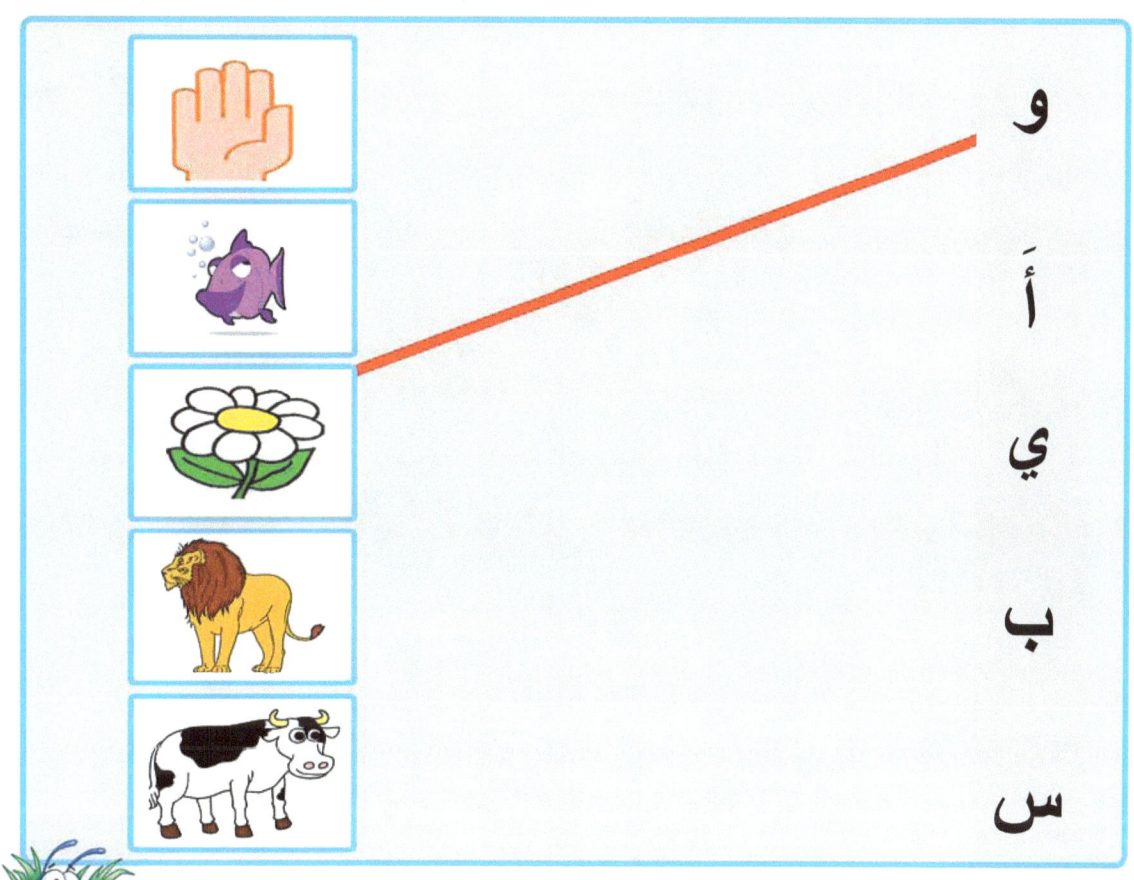

و

أَ

ي

ب

س

٧ أَكْتُبُ الحَرفَ الَّذي تَبْدأُ بِه كُلُّ صُورَةٍ مِما يَلي :

....

....

ا ....

....

....

....

....

....

٨ أَصِلُ بَيْنَ الْحَرفِ الَّذي في الدَّائِرةِ وَالْكَلِمَةِ المَوجودِ فِيها :

رامي		لَيلى
باسِمٌ		غادَةُ
مَدْرَسةٌ	س ي	زَيْتونٌ
زَيْنَبُ		سميرٌ
سَلْوى		قَلَمٌ

٩ أخْتَارُ الشَّكْلَ الْمُناسِبَ للحَرفِ وأضَعُهُ في مَكانِهِ :

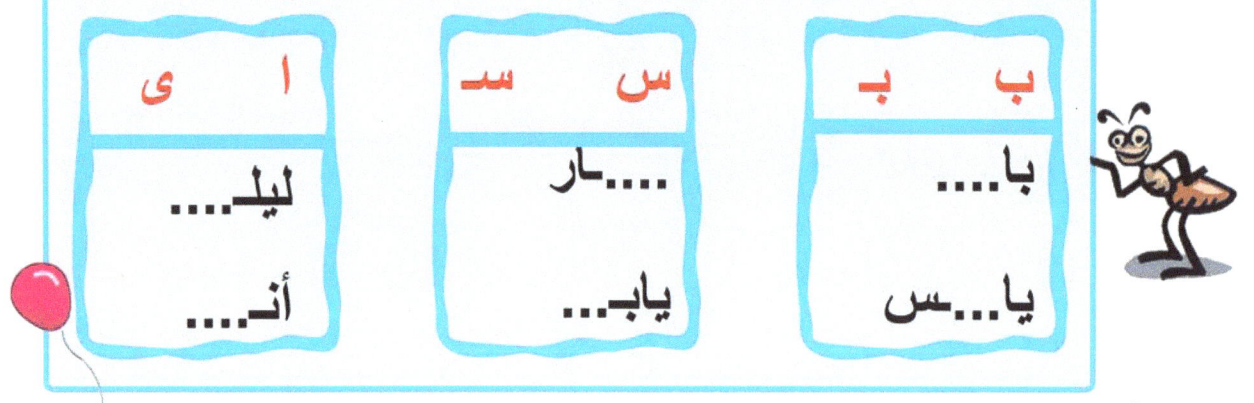

ب ـبـ	س ـسـ	ا ى
با....	....ـار	ليلـ....
يا...ـس	ياب...	أنـ....

١٠ أُصَفِّقُ عِندَما أَسْمَعُ صَوْتَ ب س في الكَلِمَةِ نَفسِهَا :

سَاعَةٌ ، سَبُّورَةٌ ، سَبَبٌ ، بِرْكَةٌ

صِنَّارَةٌ ، سَبيلٌ ، باسِلٌ ، سِوارٌ

باسِمٌ ، بَسْمَةٌ ، بِلادِي ، سَناءُ

الدَّرسُ السَّادِسُ

حَرْفُ الرَّاءِ : صَوْتًا ، نُطْقًا ، تَرْكِيبًا ، تَجْرِيدًا وَرَسْمًا

(ر)

أُحَلِّلُ وأُرَكِّبُ ، وأَقْرَأُ جملةً طويلةً

١ أَخْتَارُ الكَلِمَةَ الصَّحِيحَةَ وأَكْتُبُها في الْفَراغِ :

- تامِرٌ .... في الصَّفِّ .   يَدْرُسُ   تَدْرُسُ

- .... سَعيدٌ التُّفَّاحَةَ .   يَأْكُلُ   تَأْكُلُ

- .... رانيا الْحَليبَ .   يَشْرَبُ   تَشْرَبُ

٢ أَخْتَارُ الْكَلِمَةَ الصَّحِيحَةَ وأَكْتُبُها في الفَراغِ :

يَقولُ   تَقولُ

فَرَحُ .... : ما أَحلى الْمدرسَةِ !

رامي .... : أُحِبُّ الرِّياضةَ .

سَنَدْ .... : أُحِبُّكِ يا أُمِّي .

رَبابُ .... : الدَّرسُ مُفيدٌ .

٣ أَرسُمُ ◯ حَوْلَ الكَلِمَةِ الَّتي تَحْوي حَرْفَ (ر) :

بابٌ ، وَرْدٌ ، روسيٌّ ، ماما ، بارِدٌ
سورٌ ، سوسٌ ، موسى

٤ أَرْسُمُ ◯ حَوْلَ حَرْفِ (ر) وأَكْتُبُهُ بِشَكْلِهِ الصَّحيحِ كَما في الْمِثالِ :

شَرِبَ عامِرٌ وَسامِرٌ عَصيرَ الْجَزَرِ الْبارِدِ.

ـر ....

٥ أَكْتُبُ الْحَرفَ الأَوَّلَ الَّذي تَبْدأُ بِهِ الْكَلِمَةُ الدَّالةُ عَلى الصُّورةِ :

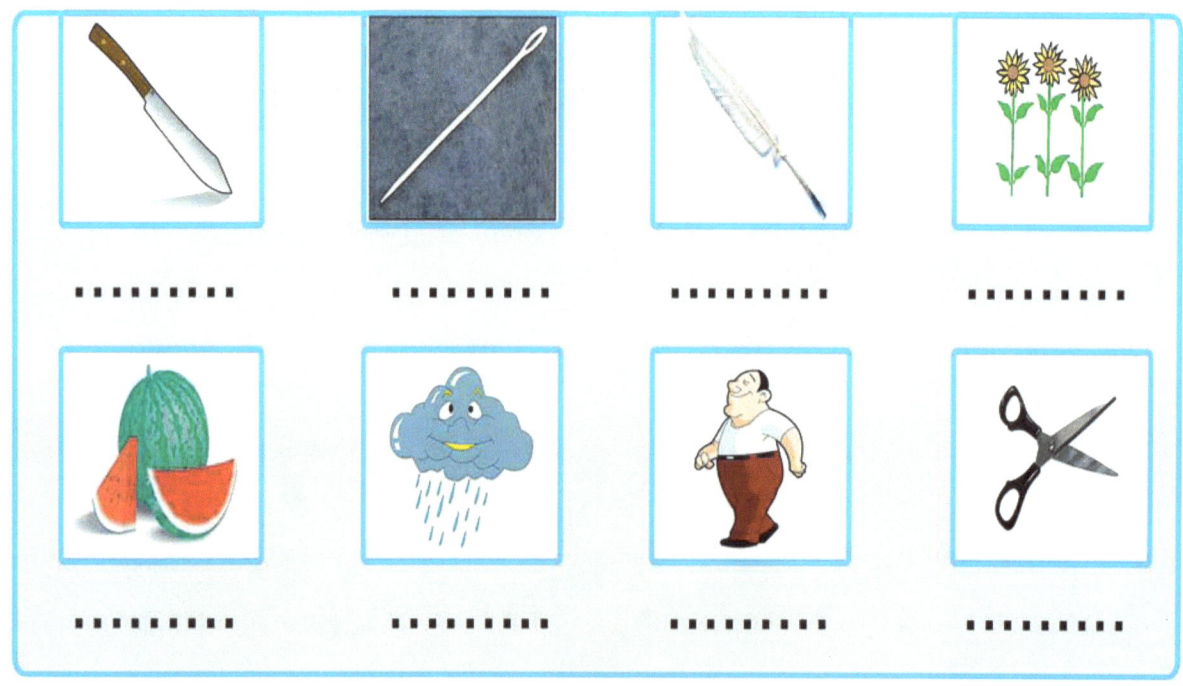

....

....

....

....

....

....

....

....

٦ أَكْتُبُ الْحَرفَ النَّاقِصَ فيما يأتي في الْفَراغِ كما في الْمِثال :

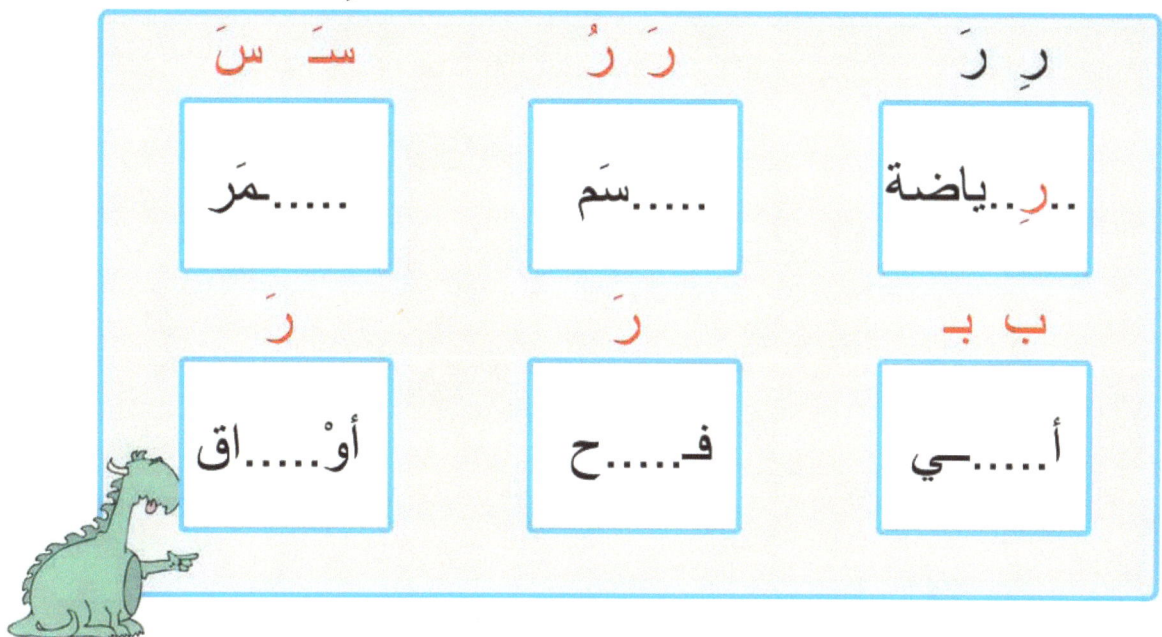

سَـ سَ	رَ رُ	رِ ر
......مَر	......سَم	..رِ..ياضة
رَ	**رَ**	**ب بـ**
أوْ......اق	فـ......ح	أ......ـي

٧ أَسْمَعُ الْكَلِمَةَ ثُمَّ أَصِلُ بَيْنَ الْمَقْطَعِ والْكَلِمَةِ الْمَوْجودِ فيها :

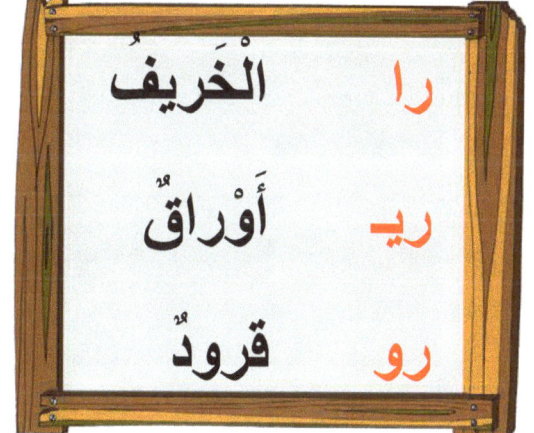

را	الْخَريفُ
ريـ	أَوْراقٌ
رو	قرودٌ

سا	سوري
سو	راسي
سي	سامِرٌ

- أَكْتُبُ أَسْفَلَ كُلِّ صورَةٍ الْمَقْطَعَ الَّذي تَحْويهِ :

ري رُ را رَ

......	......	......	......

٨ أَكْتُبُ حَرفَ (ر) بِشَكْلِهِ الصَّحيحِ :

...امي فِي المَدْ...سَةِ .

...مَى سَا...ي الكُـ...ةَ .

سا...ةُ تُحِبُّ ..نا وَ سِوا...

٩ أُرَكِّبُ مِنَ الْحُروفِ كَلِمَةً وأَكْتُبُها كما في الْمِثالِ :

كُـ ـرَ ة		كرة
الْـ قَـ ـدَ م		....
يُـ ـحِـ ـبُّ ها		....
عـ ـا مِـ ـر		....

١٠ أَكْتُبُ الكَلِمَاتِ السَّابِقَةَ عَلى شَكْلِ جُملَةٍ مُفيدَةٍ :

....

١١ أُكْمِلُ الكَلِمَةَ بالحَرْفِ الْمُناسِبِ :

طُيو...   ...سالَةٌ   مَـ...مى   بَحْـ...

١٢ أَضَعُ ◯ حَوْلَ الْحَرْفِ الْمَمْدود :

بومٌ   يَوْمٌ   لَونٌ   وَلَدٌ   يَقولُ

١٣ أقرأُ الجملةَ وأكتُبُها :

رَمى رامي الْكُرَةَ في مَرْمى سامِرٍ .

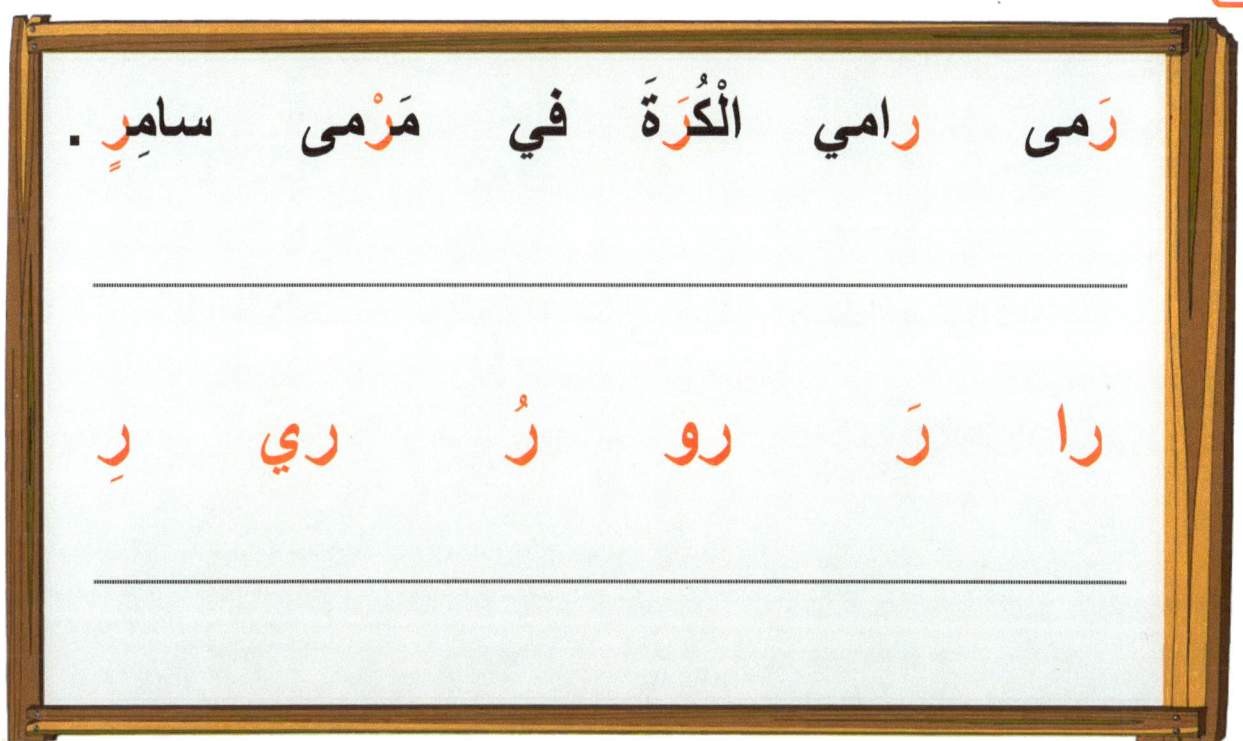

....

را   رَ   رو   رُ   ري   رِ

....

الدَّرسُ السَّابِعُ

حَرْفُ الميم : صَوْتًا ، نُطْقًا ، تَرْكِيبًا ، تَجْرِيدًا وَرَسْمًا

(م ، مـ)

أُرَكِّب كَلِماتٍ مِنْ مقاطِعِها ، وَأَقْرَأُ جُمَلًا جَديدَةً

---

١ أَصِلُ الكَلِمَةَ في الْعَمودِ الأوّلِ بما يُناسِبُها مِن الْعَمودِ الثّاني :

مَكتبةُ	باسمٍ
كُرةُ	الْفَريقِ
مَلْعَبُ	المَدرسة
كِتَابُ	الطّاوِلَةِ

٢ أَضَعُ ◯ حَولَ حَرفِ وأكْتُبُهُ في ☐ فيما يأتي:

- مُرادُ يَمْشي أَمامَ مَنْزِلِ مُحَمَّدٍ .

- سَمِعَ مُضَرٌ كَلامَ الْمُعَلِّمِ .

- هَذا مَلْعَبُ مَدينَتي .

الدَّرسُ السَّابِعُ

٣ أَضَعُ حَرْفَ الْمَدِّ الْمُنَاسِبَ بَدَلًا مِنَ الْحَرَكَةِ، وأَمُدُّ الصَّوْتَ، كَما في الْمِثالِ:

بُ ...	يَ ...	سَ ...	وا	وَ
بَ ...	رَ ...	بُ ...		
مُ ...	مَ ...			

٤ أَصِلُ الْمَقْطَعَ بِالْكَلِمَةِ الْمَوْجُودِ فيها، ثُمَّ أَكْتُبُ الْكَلِمَةَ في الْفَراغِ:

ما	ياسمين	....
مُـ	مَدْرَسَة	....
ميـ	مَعْمول	....
مِـ	مُعَلِّمَةٌ	....
مو	ماءٌ	....
مَـ	مِنْجَلٌ	....

٣٨

٥ أَكْتُبُ حَرْفَ بِشَكْلِهِ الصَّحيحِ :

م

م ـمـ

...ـوْزٌ

غيو...

...سْمارٌ

...درسةٌ

سَـ...كَةٌ

...فْتاحٌ

مُشْـ...شٌ

شَـ...سٌ

٦ أُرَكِّبُ مِنَ الْمَقاطِعِ كَلِماتٍ ، ثُمَّ أَقْرَأُ وأُكَوِّنُ جُمْلَةً مُفيدَةً :

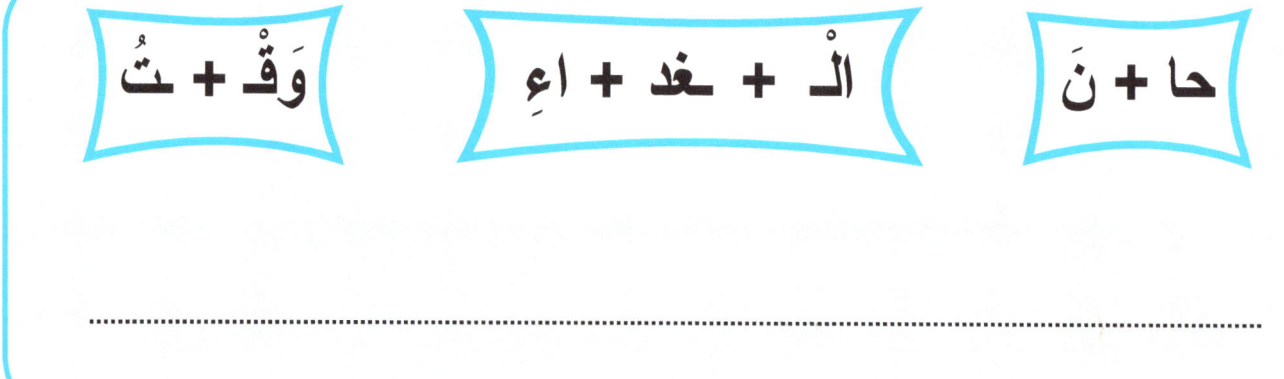

حا + نَ

الْـ + ـغد + اءِ

وَقْـ + ـتُ

....

٧ أخْتارُ الْحَرْفَ الْمُناسِبَ وَأَكْتُبُهُ في الْفَراغِ بَعدَ أَنْ أَسْمَعَ الْكَلِمَةَ :

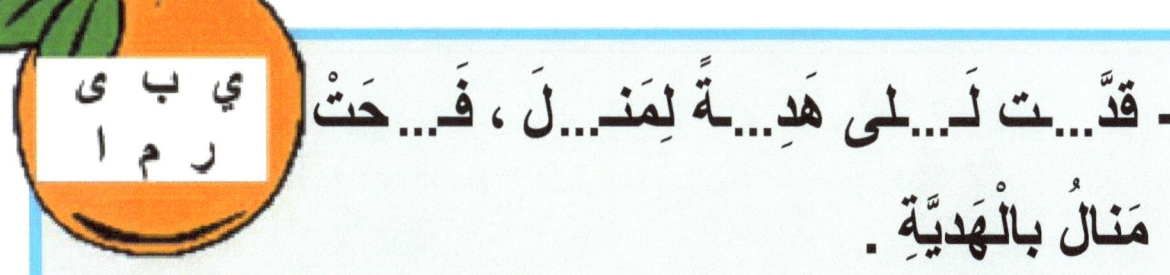

- قدَّ...ت لَـ...لى هَدِ...ـةً لِمَنـ...ل ، فَـ...حَتْ مَنال بالْهَديَّةِ .

- طَلَـ... الْمُعَلـ... مِنْ رُبـ... الْمُساعَدَةَ في مَسْحِ اللَّوْحِ ، قا...ـتْ رُبـ... وَ ...ـسَحَتِ اللَّوْحَ فَشَكَرَهـ... الْمُعَلِّمُ عَلى تَعاوُنِها .

٨ أَقْرَأُ الجُمْلَةَ وأَكْتُبُها :

تُحِبُّ مَرامُ وَسَمرُ الرَّسمَ.

....

....

ما مَـ مو مُـ مي مِـ

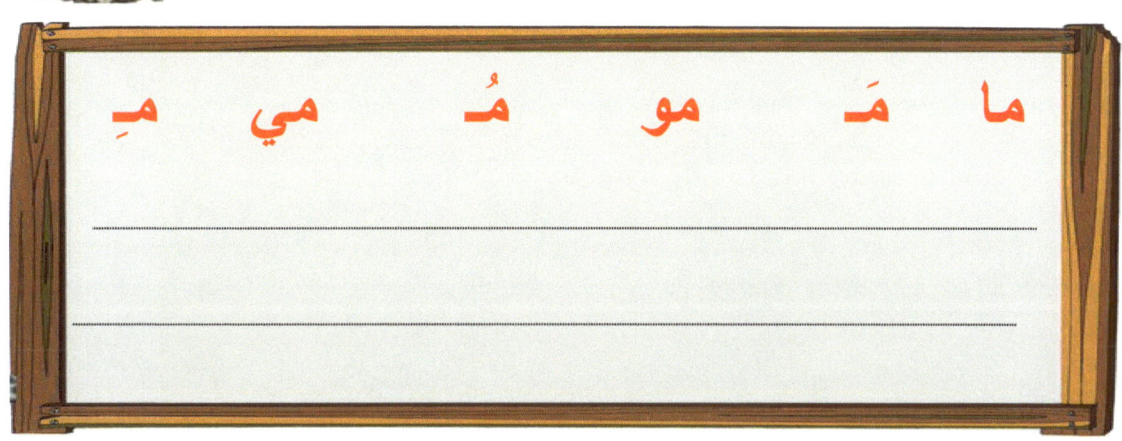

التَّاءُ الْمَفتوحَةُ والتَّاء المربوطةُ بأشكالها المختلفة

أُمَيِّزُ التَّاءَ الْمَربوطَةِ مِنَ التَّاءِ الْمَفْتوحةِ

(ـة ، ة) (ت ، تـ)

١ أُكْمِلُ الْجُمَلَ التَّاليّةَ بِإِحَدى الْكَلِماتِ الآتية :

- أَكَلَ عُمرُ حَبَّةَ ....
- سافَرَ مُرادٌ إلى ....
- تَسْكُنُ تالَةُ في .... من حَجَرٍ.
- أُحِبُّ شَطيرَةَ .... وَالزَّعْتَرِ.
- تُعَطِّلُ أُمِّي يَوْمَ ....

بيروت — السَّبتِ — التُّوتِ — الزَّيتِ — بيتٍ

٢ أَضَعُ نُقْطَةً في الْمَكانِ الْمُناسِبِ لأُكَوِّنَ كَلِمَةً تَدُلُّ على الصُّورة :

دُٮٌّ

ٮالونٌ

ٮحرٌ

ٮندورةٌ

أَرٮعةٌ

مِفٮاحٌ

ٮابٌ

ٮيٮٌ

٣ أَكْتُبُ شَكْلَ التَّاءِ الْمَربوطَةِ الْصَّحيحِ (ة ، ـة) في نِهايَةِ الْكَلِماتِ أَسْفَلَ الصُّورةِ :

سَيّار...

سَاعَـ...

وَرْدَ...

رِسَالـ...

سَبّورَ...

٦
سِتّـ...

مُعلِّمـ...

سَلّـ...

٤ أُحوِّلُ مِنَ مُذَكَّرٍ إِلى مُؤَنَّثٍ كَما في الْمِثالِ:

لَعِبَ عَامِرُ.

لَعِبَتْ سِوارُ.

رَسَمَ رَامي.

رَسَمَـ...ليلى.

دَرَسَ سَامي.

دَرَسَـ...سَلوى.

ضَحِكَ خالِدٌ.

ضَحِكَـ...سَمَرُ.

٥ أَلْفُظُ الْكَلِماتِ الآتِيةَ وأَنْتَبِهُ لِلَفْظِ الْحَرفِ الأَخيرِ :

مَدْرَسةٌ ، جَماعَةٌ ، بِطاقَةٌ ، مَكتبةٌ ، غادَةُ

سَميرَةُ ، سَيَّارَةٌ ، رِياضَةٌ

٦ أضْعُ دائرةً حَوْلَ الْكَلِمَةِ الْمُخالِفَةِ في الشَّكْلِ :

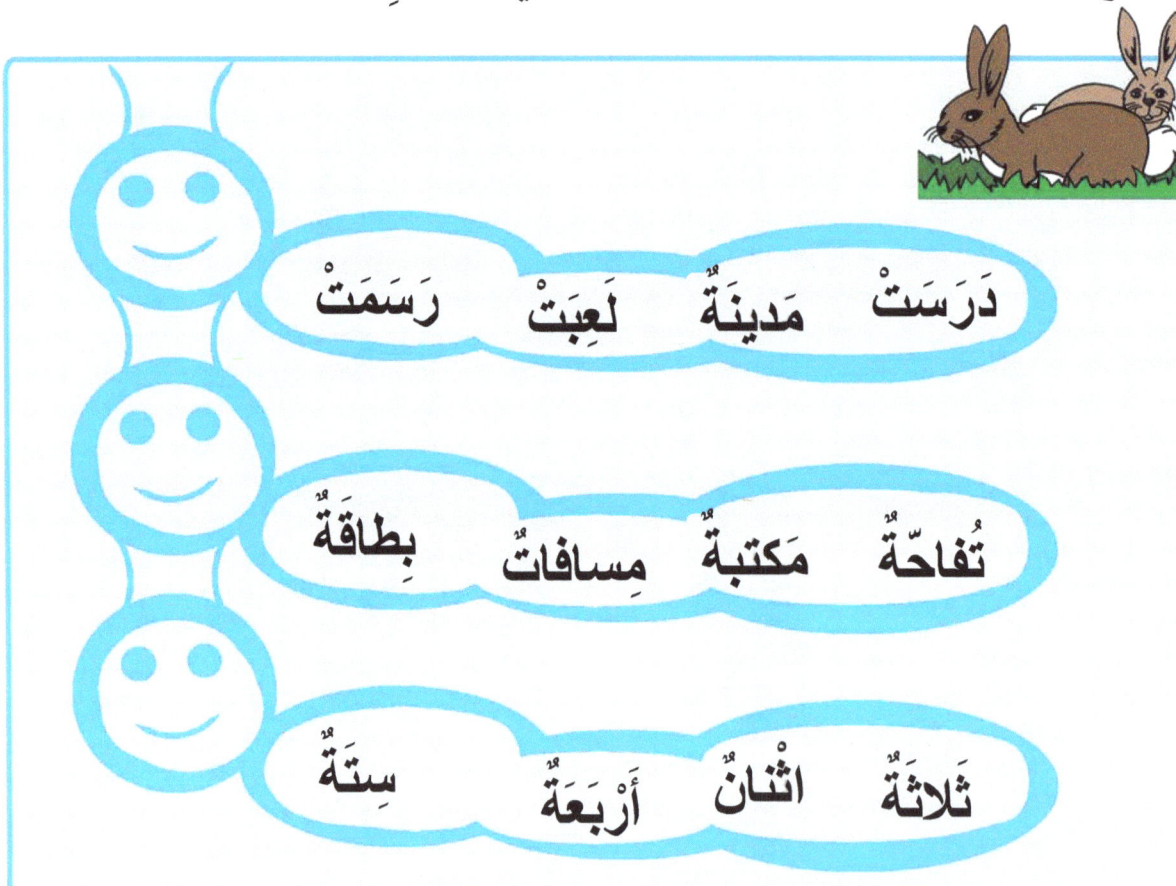

دَرَسَتْ ، مَدينَةٌ ، لَعِبَتْ ، رَسَمَتْ

تُفاحّةٌ ، مَكتبةٌ ، مِسافاتٌ ، بِطاقَةٌ

ثَلاثَةٌ ، اثْنانُ ، أَرْبعَةٌ ، سِتَةٌ

٧ أضَعُ ◯ حَوْلَ حَرْفِ ت وَأكْتُبُ شَكلَها في الأَسْفَلِ:

تَمْرٌ ، تُوتٌ ، بَيْتٌ ، تامِرٌ ، رَسَمَتْ

... ...

٨ أُكْمِلُ الْفَراغَ بـ (ت أو ة أو ـة) ثُمَّ أَقْرَأُ الْكَلِمَةَ :

بِنْـ...

شَجَرَ...

سَمَكَـ...

سَفينَـ...

كُرا...

فَراشَـ...

طائِرَ...

بَقَرَ...

تُفّاحَـ...

...ينٌ

بَيْـ...

تو...

طَبيبَـ...

غَيْمَـ...

زَيْـ...

كِـ...ـاب

٩ أكْتُبُ الشَّكْلَ الصَّحيحَ لـ (ت ، تـ)

...بْري ...الَـةُ القَلَمَ .

لَعِبَ... بَـ...ولُ وَ...الَـةُ بَيْـ... بيو... .

رَسَمَـ... لَيلى سَلَّةَ ...فّاحٍ.

١٠ أقرأُ ثُمَّ أَكْتُبُ

رَسَمَتْ رَبابُ سَيّارَةً ، وَرَسَمَتْ بِجانِبِها أَرْنَبًا.

....

....

تا تَ تو تُ تي تِ

....

....

مراجعة عامة

مراجعة الحروف

(ا ى و ي س ب ر ت ـة م ة)

١ أقْرَأُ الصَّورَةَ و أَكْتُبُ الْحَرْفَ الَّذي تَنْتَهي بِه :

٢ أَكْتُبُ الْحَرْفَ النَّاقِصَ في كُلِّ صُورَةٍ :

ا ي

نـ...ر

ي س

رَأْ...

م ب

نَـ...ِر

ر ب

كُـ...ة

و ى

سَبُّـ... رة

ى ي

يُساو...

٣ أَصِلُ بَينَ الْمقطعِ وَالكَلِمَةِ الْموجودِ فيها :

ما	باسِمٌ
با	مازِنٌ
را	تامِرٌ
تا	رامي

مِيْ	ريمُ
بِي	سِيْمَة
رِي	ميزانٌ
سِي	عَبيرُ

٤ أخْتارُ مِنْ الصُّندوقِ الْمقطعَ الْمُناسِبَ وأُكْمِلُ الْكَلِمَةَ :

...سر

را...

سِـ...ر

مَسـ...ر

٥ أشْطُبُ الحَروفَ الآتيةَ (ر ، م ، ا ، و) وَأُكوِّنُ مِن الحُروفِ المُتَبقيةِ اسمَ مَكانٍ نَسكُنُه :

______ ______ ______

و	ب	ا	ت	ر	يْ	م

٦ أَصِلُ الحَرفَ بِبِدايةِ الْكَلِمةِ الَّتي تَدلُّ على الصُّورةِ :

إ ت س ب م ر

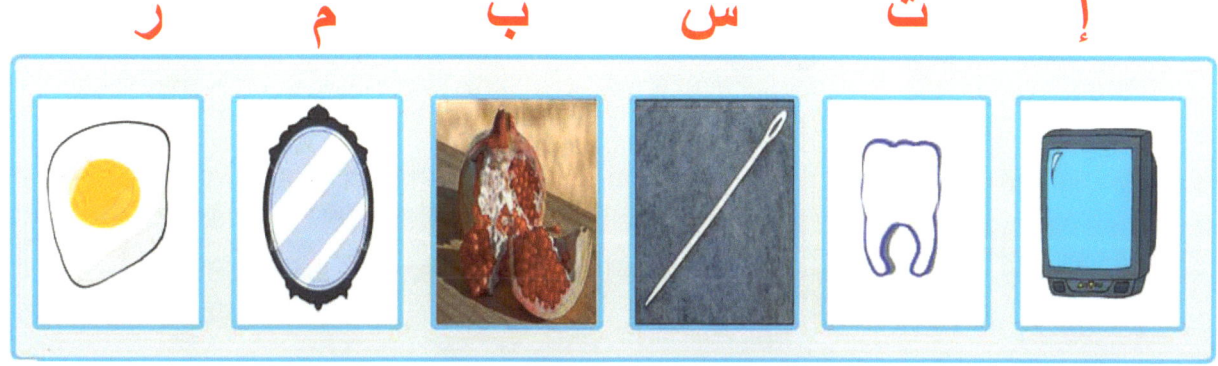

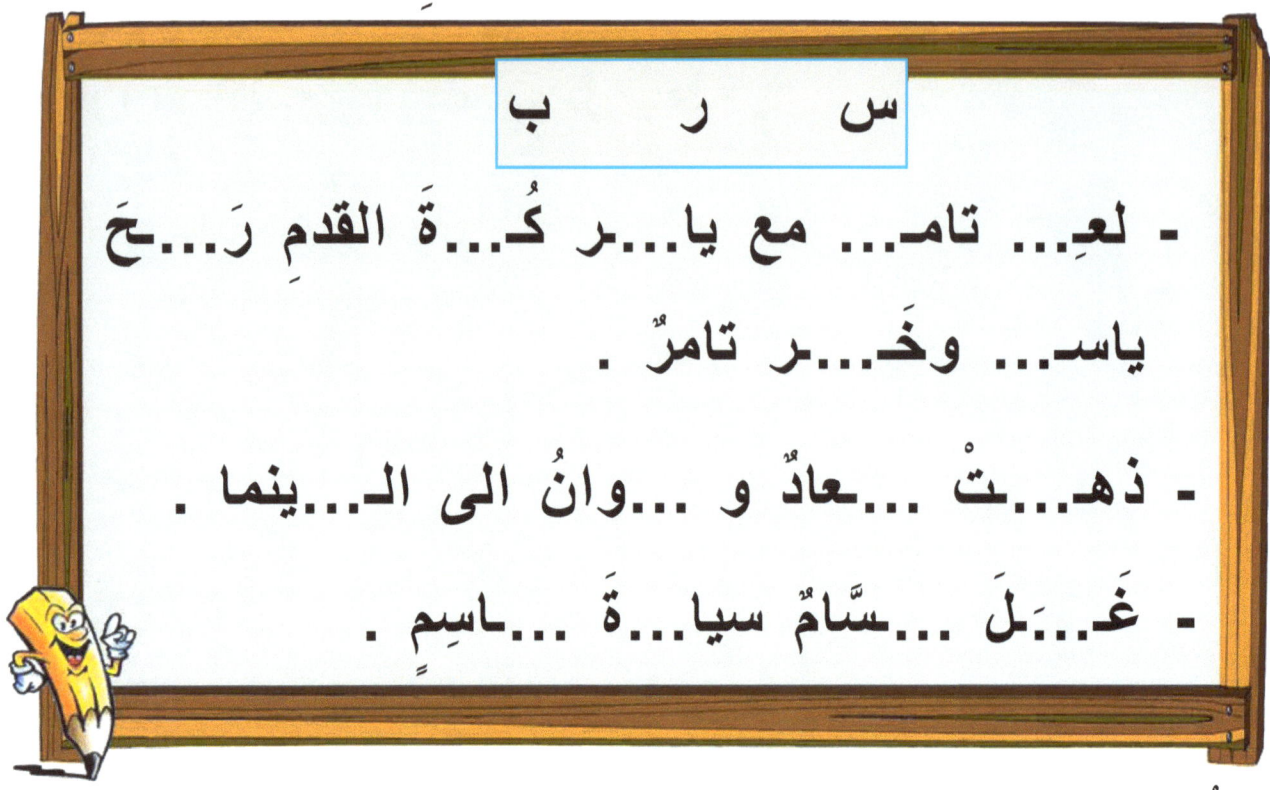

٧ أخْتارُ الحَرفَ الصَّحيحَ وأُكْتُبُهُ في الفَراغِ ثُمَّ أقْرَأُ :

س ر ب

- لعِـ... تامـ... مع يا...ر كُـ...ةَ القدمِ رَ...حَ ياسـ... وخَـ...ـر تامرٌ .

- ذهـ...ـتْ ...ـعادُ و ...وانُ الى الـ...ـينما .

- غَـ...ـَلَ ...ـسَّامُ سيا...ةَ ...ـاسِمٍ .

٨ أُرَتِّبُ الألْعابَ حَسَبَ أهْميَّتِها لي بِالأرْقامِ :

٩ أُكْمِلُ كِتابَةَ كُلِّ رَقمٍ بِإضافَةِ الحَرفِ النَّاقِصِ :

٤ أَ...بَعَة

٥ خَمْـ...ـة

٠ صِفـ...

٩ تِـ...ـعَة

٧ سَـ...ـعة

٦ ...تة

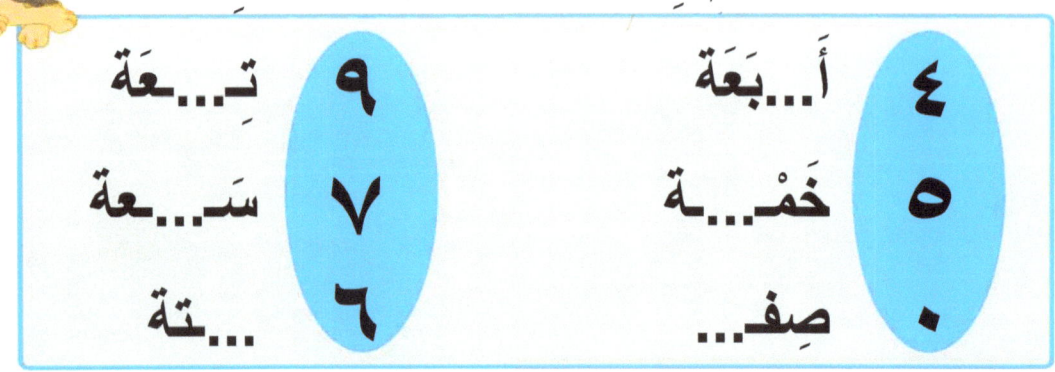

تَتَكوّنُ الجُمْلَةُ مِنْ كلمات

١٠ أَقْرَأُ ثُمَّ أكْتُبُ عَدَدَ كَلِماتِ كُلِّ جُملَةٍ :

- سَمِعَ باسِمُ الْمُوسيقا . ☐
- دَرَسَ زَيدٌ دُروسَهُ . ☐
- مَدْرَسَتي جَميلَةٌ . ☐
- الْكَلْبُ يَرْكُضُ وَراءَ الْقِطِّ . ☐
- العُصْفورُفي القَفَصِ . ☐

١١ أُرَتِّبُ الْكَلِماتِ وَأُكَوِّنُ جُمْلَةً مُفيدَةً كَما في الْمِثالِ :

- شَرِبَ مُحمَّدٌ الحَليبَ .
- مُحَمَّدٌ شَرِبَ الحليبَ .

....

....

١٢ أُكَوِّنُ جُمْلَةً مُسْتَفيدًا مِنَ الْكَلِماتِ في ◯ :

- ....

- ....

١٣ أَصِلُ الْكَلِمَاتِ في الْعَمودِ الْأَوَّلِ بِما يُناسِبُها في الْعَمودِ الثَّاني وَأَقْرَأُ :

الْكِتابُ — في الْحَقيبَةِ

الْقَلَمُ — في الْمَلْعَبِ

السَّاعَةُ — عَلى الطّاوِلَةِ

الْأَوْلادُ — على الجِدارِ

١٤ أَصِلُ الْجُمْلَةَ بِالصُّورَةِ الَّتي تُكْمِلُ معناها :

- أَذْهَبُ للعِّبِ في ....

- أَتَكَلَّمُ مَعَ صَديقَتي بِـ..........

- أَذْهَبُ إلى الْمَدْرَسَةِ بِـ..........

- أُلَوِّنُ الرَّسْماتِ بِـ..........

١٥ أَقْرَأُ الْجُمَلَ ، وَأَخْتارُ الْإِجابَةَ الصَّحيحَةَ وَأَكْتُبُها في الْفَراغِ كَما في الْمِثالِ :

- أَنا عطشانٌ ، ماذا أَشْرَبُ ؟

أَشْرَبُ الْماءَ..........

الْماءَ

التُّفاحَةَ

الْبوظَةَ

- أَنا مُسافِرٌ ، ماذا أَرْكَبُ ؟

أَرْكَبُ ....

الدَّراجَةَ

الطَّائِرَةَ

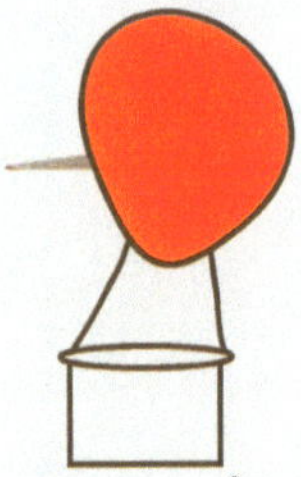

الْمِنْطادَ

- أَنا مَريضٌ ، ماذا أَفْعَلُ ؟

أذهبُ إلى ....

النَّجارِ

الطَّبيبِ

الْخَبّازِ

- أَنا جائِعٌ ، ماذا آكُلُ ؟

آكُلُ ....

شَطّيرَةً

عَصيرًا

ماءً

- أَنا مَريضٌ ، ماذا أَتَناوَلُ ؟

أَتَناوَلُ ....

الْبوظَةَ

الْحَلْوى

الدَّواءَ

الدَّرسُ التَّاسعُ

الْحَركاتُ (المدُّ القصير (ـُـ ـِـ ـَـ) والمدُّ الطّويلُ (ا ، و ، ي))

أَقرأُ معَ تحريكِ الكلماتِ

١ أَكْتُبُ كَلِمَةً كَما هُوَ أَدناه :

كَلِمَةً تَنْتَهي بِحرفِ ة

....

كَلِمَةً تَنْتَهي بِحَرفِ ت

....

كَلِمَةً تَكَرَّرَ بِها حَرْفُ م مَرَّتين

....

٢ أَصِلُ بَيْنَ لَوْنِ الْإِشارَةِ وَالصُّورَةِ الْمُناسِبَةِ :

٣ - أَكْتُبُ الْحَرْفَ الَّذي تَبْدَأُ بِهِ كُلُّ كَلِمَةٍ مَعَ الْحَرَكَةِ كَما في الْمِثالِ :

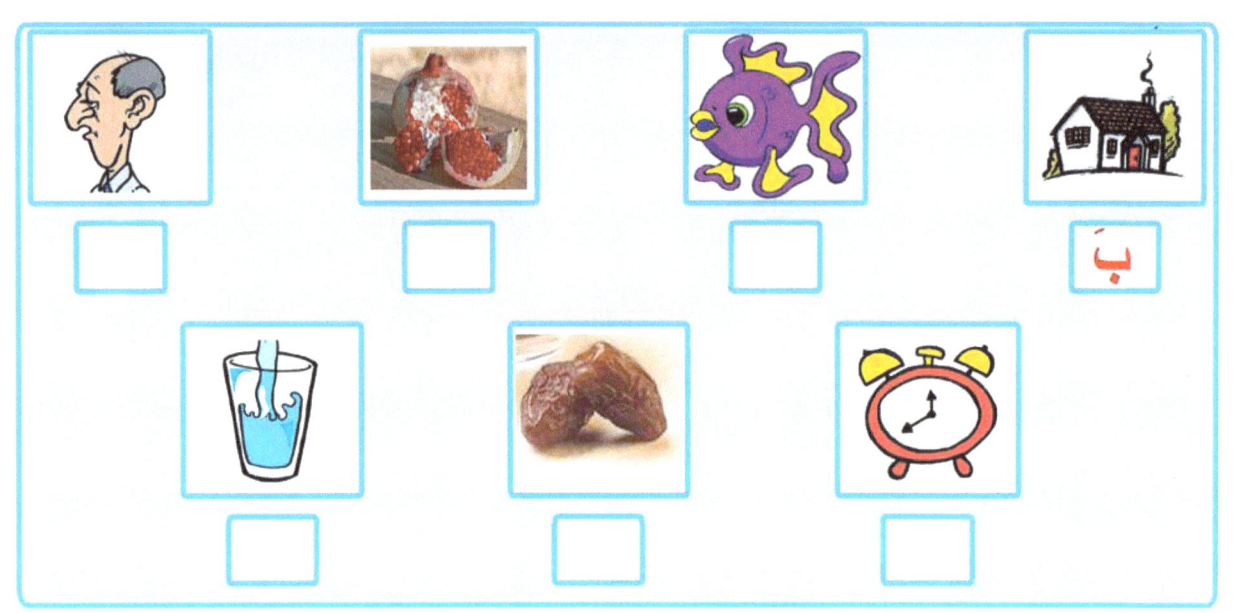

بَ

٤ - أَقْرَأُ الْكَلِماتِ الآتيةِ وَأَكْتُبُ حَرَكَةَ الضَّمِّ أو الْفَتْحِ على الْحَرْفِ الْمُلَوَّنِ كَما في الْمِثالِ :

بُستانٌ ، عَلَمٌ ، جَمَلٌ ، مَمَرٌّ

مَرْمى ، تُفّاحَةٌ ، مُسْرِعَةٌ ، تَرْسُمُ

٥ - أَرْبِطُ بَيْنَ صَوْتِ الْحَرْفِ في الْعَمودِ الْأَوَّلِ ، وَصَوْتِ الْمَقْطَعِ في الْعَمودِ الثّاني :

ب‍َ   تو
م‍ِ   را
ت‍ُ   بو
س‍َ   ما
ر‍ُ   سو

٦ أَضَعُ دَائِرَةً حَوْلَ كُلِّ حَرْفٍ حَرَكَتُهُ (ــُـ) ثُمَّ أَكْتُبُهُ في الصُّنْدُوقِ كما في المِثالِ:

- يَعُودُ أَحْمَدُ مِنْ عَمَلِهِ مُبَكِّرًا .
- تُهَاجِرُ الطُّيُورُ في الخَرِيفِ .
- زُرْنا بَيْتَ خالَتِي .
- تَرْسُمُ زَيْنَبُ عَلَمَ بِلادِي .

٧ أَضَعُ دَائِرَةً حَوْلَ الْحَرْفِ الْمُتَحَرِّكِ بِـ (ــَـ) وَأَكْتُبُهُ داخِلَ الدَّائِرَةِ كما في المِثالِ:

- يُرْسِلُ سَعِيدٌ رِسَالَةً .
- تَشْتَرِي غَادَةُ الرُّمَّانَ .
- سَارَ رَامِي عَلَى الرَّصِيفِ .
- فَرَحُ تَقُولُ : أُحِبُّ بِلادِي .

٨ أتعَرَّفُ إلى الصُّورَةِ وأَكْتُبُ الْحَرْفَ النَّاقِصَ مَعَ حَرَكَتِهِ كَما في الْمِثالِ :

د...رٌ

سَـ...كَةٌ

...وْزَةٌ

...يمونٌ

٩ أخْتارُ الْحَرفَ الْمُناسِبَ (بُ ، بَ) لأُكْمِلَ الْكَلِمات :

...يْتٌ

...ومٌ

...ابٌ

...رْتُقالَةٌ

١٠ أسْتَبْدِلُ حَرْفَ مدٍّ بالْحَرْفِ الْمُلَّوَنِ وَأَكْتُبُهُ كَما في الْمثالِ :

الدَّرْسُ الْعاشِرُ

حَرْفُ الدَّال: صَوْتًا ، نُطْقًا ، تَرْكيبًا ، تَجْريدًا وَرَسْمًا
(د)

أَضَعُ الْحَرَكَةَ الْمُناسِبَةَ على حُروفِ الْكَلِمَةِ . أَقْرَأُ وَأَسْتَوْعِبُ نَصًّا طويلًا

١ أَقْرَأُ النَّصَّ الْآتي وأُجيبُ عَنِ الْأَسْئِلَةِ الَّتي تَليهِ :

ذَهَبَ سَعيدٌ إلى مَدْرَسَتِهِ باكِرًا ، وَدَرَسَ دُروسَهُ جَيِّدًا ، قالَ سَعيدٌ:
أَنا أُحِبُّكِ يا مَدْرَسَتي .

- أَيْنَ ذَهَبَ سَعيدٌ ؟ ....

- هَلْ دَرَسَ سعيدٌ دُروسَهُ ؟ ....

- هَلْ يُحِبُّ سَعيدٌ مَدْرَسَتَهُ ؟ ....

- أَكْتُبُ الْكَلِماتِ الَّتي تَحوي الْحَرْفَ (د) ....
....

٢ أَكْتُبُ كَلِمَةً مُعَبِّرَةً بَدَلًا مِنَ الصُّورَةِ:

- اشْتَرى أخي .... الْعيدِ . (هدية)

- قالَتْ  .... : ما أَجْمَلَ الْعيدَ! (زينب)

- قَدَّمَ خالي .... (الحلوى)

- زُرْنا بَيْتَ .... (جدّتي)

٥٨

٣ أكْتُبُ كَلِماتٍ بَدَلًا من الْصُّورِ وأَشْكُل جُمْلَةً مُفيدَةً :

اشْترى أَبي

....

....

....

الْعيدِ

زُرْنا بيتَ

....

....

....

٤ أرْسُمُ دائرَةً حَولَ حَرْفِ د

إِيادٌ   والِدٌ   دارٌ   جَدِّي   غَادَةُ

٥ أكْتُبُ حرفَ د في الْفراغِ

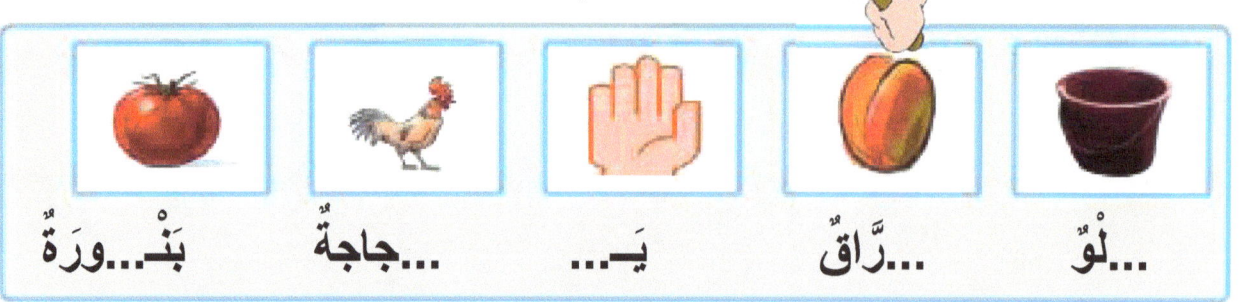

...لْوٌ

...رّاقٌ

يَـ...

...جاجةٌ

بَنْـ...ورَةٌ

٦ أَصِلُ بَيْنَ الْمَقْطَعِ والْكَلِمَةِ الْمَوجودِ فيها :

٧ أُلاحِظُ وَأُلَوِّنُ الَّتي تَحوي الْمَقطَعَ الْمُلَوَّنَ :

٨ أُرَكِّبُ من المَقاطِعِ كلماتٍ وأَكْتُبُ في الْفَراغِ :

الْـ	ـعيد	....	زُرْ	نا	....	أَحْـ	لى	....

٩ أقْرَأُ الصُّورةَ وأَكْتُبُ الحَرفَ الّذي تَبْدَأُ بِهِ الْكَلِمَةُ مَعَ الْحَرَكَةِ

كَما في المِثالِ :

تُـ ....

....

١٠ أَقْرَأُ الجُملَ ثُمَّ أَكْتُبُها :

دَارَتْ دَانا وَدَلالُ حَوْلَ الدَّارِ .

....

....

دا دَ دو دُ دي دِ

....

....

الدَّرْسُ الحادي عشر

حَرْفُ النُّونِ : صَوْتًا ، نُطْقًا ، تَرْكِيبًا ، تَجْرِيدًا وَرَسْمًا

(ن ، نـ)

أُرَكِّبُ من الْحروفِ كلمةً ، وأُرَكِّبُ من الكلماتِ جُمْلة

١ أَرْبِطُ الْكَلْماتِ الدَّالَّةَ على الصُّورِ في الْعَمودِ الْأَوَّلِ مَعَ جَمْعِها في الْعَمودِ الثّاني :

شَجَرةٌ

مُتَنَزِّهون
رَجُلٌ

أَشْجارٌ
مُتَنَزِّهٌ

رِجالٌ
٢ أَجْمَعُ الْحُروفَ لأَحْصُلَ عَلى كَلِمَةٍ أَكْتُبُها كَما في الْمِثالِ :

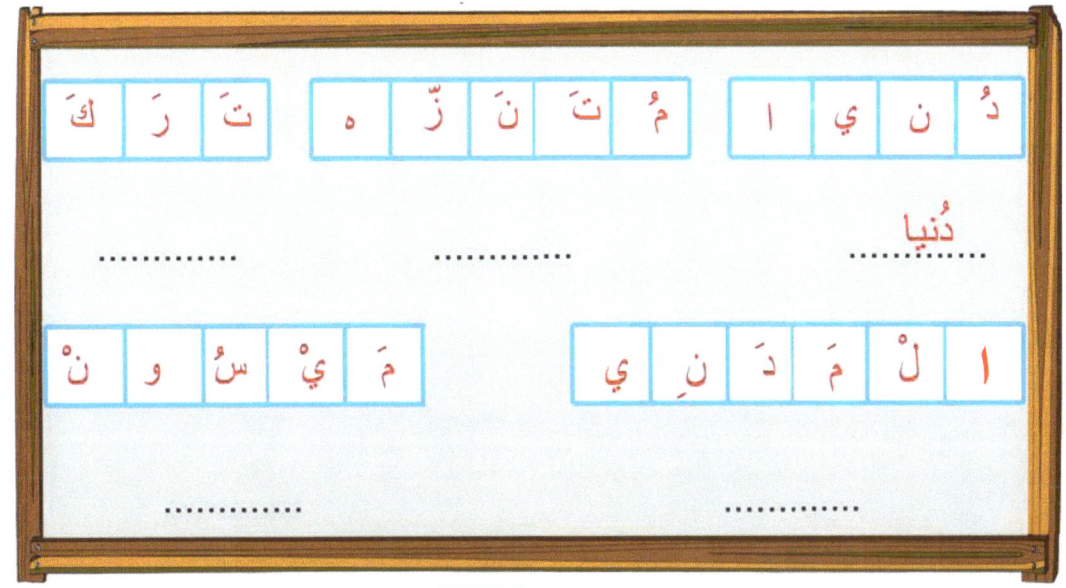

دُ ن ي ا — مُ تَ نَ زِّ ه — تَ رَ كَ

دُنيا ....

ا لْ مَ دَ نِ ي — مَ يْ سُ و نْ

....

٣ أَضَعُ ◯ حَوْلَ حرف (ن) وَأَكْتُبُهُ بِشَكْلِهِ كَما في الْمِثال :

سِنٌّ	لِسانُ	بُستانُ
ن		
نَوْرَسُ	عِنَبُ	سَناءُ

٤ أَصِلُ بَيْنَ الْمَقْطَعِ والْكَلْمَةِ الْمُناسِبَةِ :

نا	نورُ
نو	رنيمُ
ني	نارٌ

با	عبيرُ
بو	بابُ
بي	دَبوسُ

٥ أَضَعُ في نِهايَةِ كُلِّ كَلِمَةٍ الْمَقطَعَ (نا) ثُمَّ أَقْرَأُ :

نا

دُرْ ....دُرْنا

زُرْ ....

سِرْ ....

رَسَمْ ....

٦ أَخْتارُ الْمَقْطَعَ في الْعَمودِ الأَوَّلِ وأَكْتُبُه في الْفَراغِ الْمُناسِبِ في العَمودِ الثَّاني لأُكَوِّنَ كَلِمَةً ذاتَ مَعنى كَما في الْمِثالِ :

نَ	نَـوْرس
نا	...سانُ
نَوْ	... رُ
نَيْ	... مٌ
نَوْ	... دى

٧ أَتَعرَّفُ الصُّورَ الآتية وَأَضَعُ النِّقاطَ اللّازِمَةَ على حَرفِ ن أو ب

ٮَحْر

ٮَهْر

عِٮَٮ

رُمّاں

لَيموں

لُعْٮَة

دُٮ

٨ أَكْتُبُ حَرْفَ (ن) بِشَكْلِهِ الْمُناسِبِ :

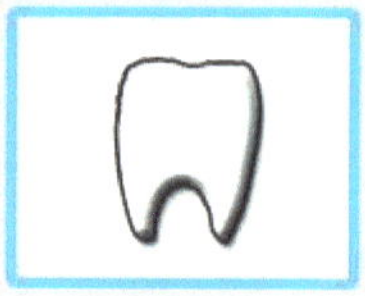

نـ ن

...ـارٌ

سِـ...

...خلةٌ

ثما...ـيةٌ

بـ...ـدورةٌ

...جمةٌ

عِـ...ـبٌ

زَيْتو...

نـ ن

...ـامَ ...ـادرٌ عـ...ـدَ مُـ...ـذرٍ.

أَشْعَلَتْ ...ـورُ الـ...ـارَ.

غَسَلَتْ ...ـاديةُ الصُّحو... .

٩ أقرأُ ثُمَّ أَكْتُبُ :

نادت دَانا زينَ

....

نا نَ نو نُ ني نِ

....

الدَّرْسُ الثَّاني عَشَرْ

حرفُ اللّام : صَوْتًا ، نُطْقًا ، تَرْكِيبًا ، تَجْرِيدًا وَرَسْمًا

(ل ، لـ ، لا)

أُحلِّلُ وأُرَكِّبُ ، أَقرَأُ نصًّا طَوِيلًا

١ أكْتُبُ رَقَمَ الصَّورَةِ بِجانِبِ الْجُملةِ المعبِّرةِ :

☐ أَنَامُ فِيها .
☐ تَجْلِسُ الأُسْرَةُ لِمُشَاهَدَةِ التِّلفازِ .
☐ تَطْبُخُ أُمِّي الطَّعامَ فيهِ .
☐ نَسْتَقْبِلُ الضُّيوفَ والزُّوارَ فِيهِ .
☐ نَسْتَحِمُّ ونَغْتَسِلُ بِهِ .

١
٢
٣
٤
٥

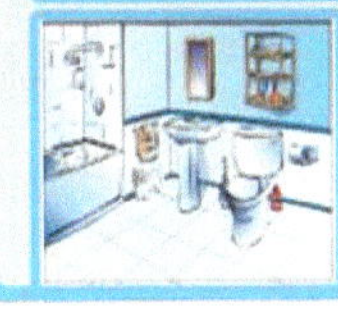

٢ أَصِلُ الْجُمْلَةَ بالصُّورةِ الَّتي تُناسِبُها لأُكْمِلَ مَعْنى الْجُمْلَةِ :

أَنامُ عَلَى ....
أَطْبَعُ الرَّسائِلَ بـ................
أَجْلِسُ عَلَى..............
أُشَاهِدُ بَرامِجَ الأَطْفالِ في ....

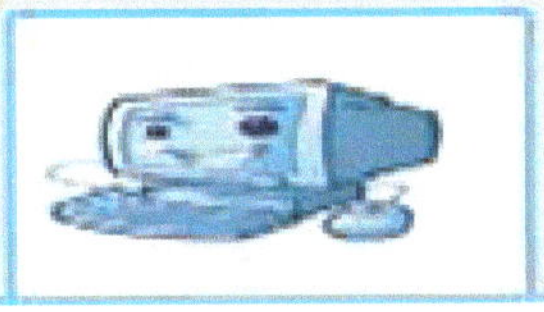

٣ أكْتُبُ (هذا) أَوْ (هذه) في الْفَراغِ أَسْفَلَ كُلِّ صُورةٍ :

.....رِسَالَةٌ .....حاسوبٌ .....وَلَدٌ .....بِنْتٌ

٤ أَبْحَثُ عَنْ حَرْفِ (ل) وأكْتُبُ عَدَدَ الْمَراتِ الَّتي تَكَرَّرَها كما في الْمِثال :

نَزَلَ الثَّلْجُ على الجِّبالِ .	٦
غَسَلَ لَبيبٌ الْمَلابِسَ .	
زارَ باسِلٌ أَحْمَدَ .	
أَكَلَ جَميلٌ اللَّحْمَ .	

٥ أَصِلُ الْمَقْطَعَ بِالْكَلِمَةِ الْمَوجودِ فيها :

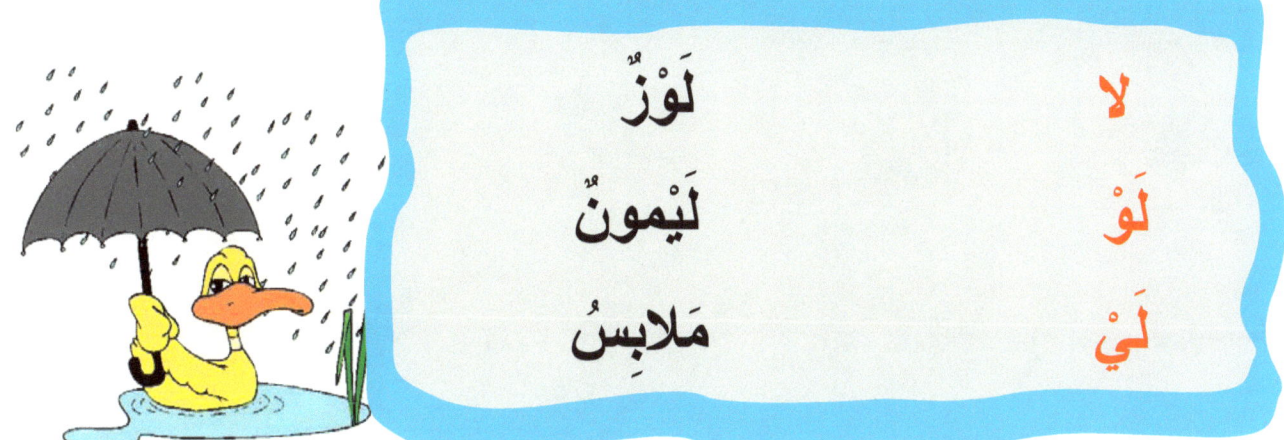

لا	لَوْزٌ
لَوْ	لَيْمونٌ
لَيْ	مَلابِسُ

٦ أَخْتارُ الشَّكْلَ الصَّحيحَ لِحَرفِ (لَ) وأكْتُبُهُ في الْفَراغِ ثُمَّ أَقْرَأُ:

سـ...ـَّمَ المُعَـ...ـِّمُ عَـ...ى سَـ...ـيمٍ .

اشْتَـرى جَـلا... مَنْـزِ... رامـي .

بَنـى سَـا...ـمٌ قَـ...ـعَةً مِنْ الرَّمْـ... .

٧ أَكْتُبُ الْحَرَكَةَ الْمُناسِبَةَ على حَرفِ (ل) :

الضَّمُّ ـُ الْفَتْحُ ـَ

لـيْمونَـةٌ لـوْزٌ عَلـم بَلـح وَلـد

لـوْنٌ لـبَنٌ لـيْلٌ

٨ أَكْتُبُ أَسْماءَ الأَوْلادِ والْبَناتِ بِحيْثُ تَحْتَوي حَرْفَ لَ كَما في الْمِثال :

مالك

....

....

....

....

....

٩ أُكْمِلُ الْكَلِماتِ بِكِتابَةِ الْمَقْطَعِ لا ، لأَحْصُلَ على كَلِمَةٍ ثُمَّ أَقْرَأُ كَما في الْمِثال :

أَوْلادٌ

مَـ...بِسٌ

...عِبٌ

عِيْدُ ميـ...دٍ

أَعْـ...مُ

أقْـ...مُ

١٠ أُلوِّنُ الْمُرَبَّعَ الَّذي يَحْوي الْمَقْطَعَ الْمُلَوَّنَ نَفْسَهُ ، كَما في الْمِثالِ :

عُلوم	قُلُوب	لَوْح	مُلُوك	لَوْز
فَلَاح	بالون	مِسْمار	مَلابس	رِمال
مَنار	سار	مَنال	مُراد	نَامَ
مَسْرور	مُرور	عُبور	مَسامير	سُرور

١١ أَقرأُ ثم أَكْتُبُ :

لَبِسَ ــــــــ ــــــــ

سَالِمٌ ــــــــ ــــــــ

مَلابِسَ ــــــــ ــــــــ

الْمَدْرَسَةِ ــــــــ ــــــــ

لا ــــــــ ــــــــ

لَ ــــــــ ــــــــ

لو ــــــــ ــــــــ

لُـ ــــــــ ــــــــ

لي ــــــــ ــــــــ

لِـ ــــــــ ــــــــ

الدَّرْسُ الثالث عشر

حرف الخاءِ : صَوْتًا ، نُطْقًا ، تَرْكِيبًا ، تَجْرِيدًا وَرَسْمًا

(خ ، خـ)

١ أَكْتُبُ نَعَمْ أَوْ لا بَعْدَ قِراءةِ الْجُمْلَةِ :

تَرسُو الْبَواخِرُ في الْمَيْناءِ .

تُزَيِّنُ أَشْجارُ الزَّيْتونِ مَدينَةَ الْعَقَبَةِ .

مَيْناءُ الأُردنِّ الْوَحِيدُ هُوَ الْعَقَبَةُ .

مُناخُ الْعَقَبَةِ بَارِدٌ .

٢ أَصِلُ الْجُمْلَةَ بِالصُّورَةِ الْمُناسِبَةِ لأُكْمِلَ الْمَعْنى :

الْباخِرَةُ تُبْحِرُ في

الطَّائِرَةُ تَطِيرُ في

السَّيّارَةُ تَسيرُ عَلَى

٣ أَصِلُ كُلَّ جُمْلَةٍ بِاسْمِ الْمَكانِ الْمُناسِبِ لَها :

	تَرْسو الْبَواخِرُ في	الْمَطارِ
	تَهْبِطُ الطَّائِرَةُ في	الْمَحَطَّةِ
	يَقِفُ الْقِطارُ في	الْمَوْقِفِ
	تَقِفُ السَّيّارَةُ في	الْمَيْناءِ

٤ أَضَعُ ◯ حَوْلَ حَرْفِ (خ ، خـ) وأَكْتُبُ شَكْلَهُ في ☐ كما في الْمِثال :

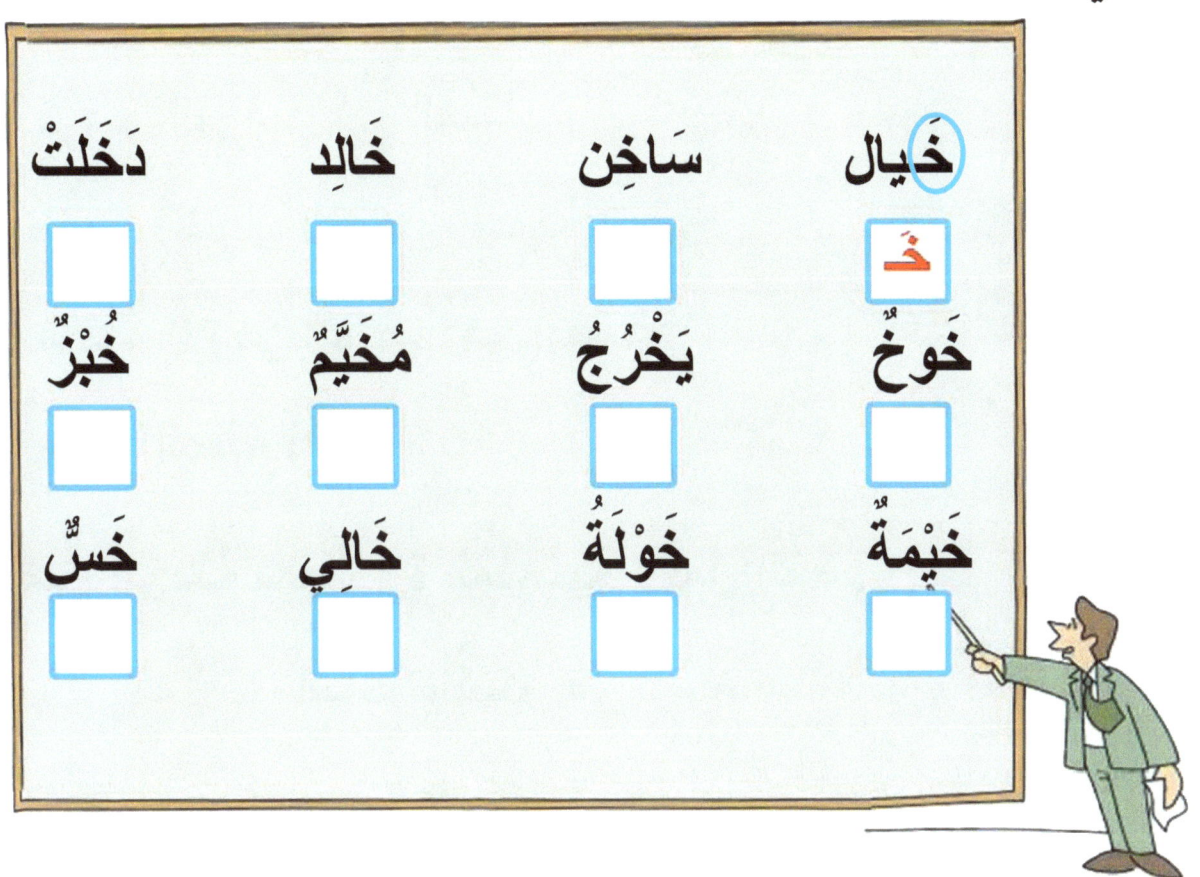

خَيال	سَاخِن	خَالِد	دَخَلَتْ
خَ			
خَوخ	يَخْرُجُ	مُخَيَّمٌ	خُبْزٌ
خَيْمَةٌ	خَوْلَةُ	خَالِي	خَسٌّ

٥ أَخْتارُ الْمَقْطَعَ الْمُناسِبَ وَأَكْتُبُهُ في الْفَراغِ لِأَحْصُلَ على كَلِمَةٍ مُفيدَةٍ كَما في الْمِثال :

خا   خو   خي

خالد

......تَم

......خ

......ـار

٦ أَصِلُ بَيْنَ الْمَقْطَعِ في الْعَمودِ الأوَّلِ ، وما يُناسِبُهُ في الْعَمودِ الثَّاني ثُمَّ أَقْرَأُ :

...ـزانَةٌ

خَ

...ـبْـزٌ

...ـروفٌ

خُ

...ـمُ

خِ

...ـنْجَر

٧ أَكْتُبُ الشَّكْلَ الصَّحيحَ لِحَرْفِ (خ) ثُمَّ أَقْرَأُ :

- دَ...ـلَ ...ـليلٌ إلى الْبَيتِ .
- اشْتَرتْ ...ـوَلَةُ الْـ...ـبْزَ و الْـ...ـسَّ .
- ...ـرَجَ ...ـالي مِن الْبَيْتِ .
- زَرَعَ ...ـالدٌ نَـ...ـلَةً وَشَجَرة ...ـو... في الْبُستانِ .

الدَّرْسُ الثالثَ عشر

٨ أَشْطُبُ الأَحْرُفَ الآتِيةَ (ل ، س ، خ) مِنَ الْمُرَبَّعاتِ ثُمَّ أُكَوِّنُ كَلِمَةً مِنَ الأَحْرُفِ الْمُتَبَقِّيَةِ :

| خ | س | م | ل | خ | ل | ي | س | ن | خ | ا | ل | ء |

ما الْكَلِمَةُ ؟

....

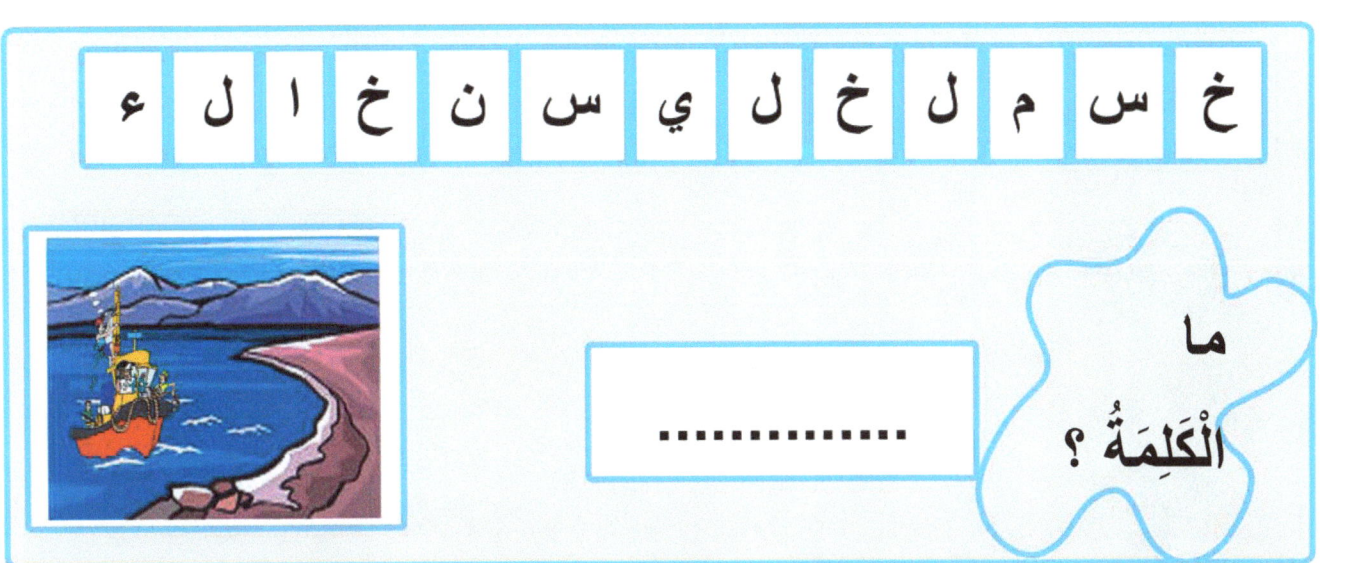

٩ أُحَلِّلُ الْكَلِماتِ إلى أَحْرُفٍ وَأَكْتُبُ عَدَدَها كَما في الْمِثالِ :

خَوْخ	خ	و	خَ	٣
خَوْف				
سَاخِن					
بُخَارٌ					
بَواخِر						
خَيال					

٧٤

١٠ أُرَتِّبُ الْكَلِماتِ الآتِيَة لأحْصُلَ عَلى جُملَةٍ مُفيدَةٍ :

مُخْتارٌ ، الْخُبْزَ ، أَكَلَ ، والْخَسَّ .

....

الْعَقَبَةِ ، دَافِئُ ، مُناخُ

....

١١ أَقرأُ ثُمَّ أَكْتُبُ

دَخَلَ خَالِدٌ السَّيّارَةَ. خافَ خَروفُ خَليلٍ.

....

....

خا خَ خو خُ خي خِ

....

....

الهمزةُ بأشكالِها : صَوْتًا ، نُطْقًا ، تَرْكِيبًا ، تَجْرِيدًا وَرَسْمًا

(أَ ، أُ ، إِ)

أَقْرَأُ فَقْرَةً طَوِيلَةً مِنْ كَلماتٍ جَدِيدة

١ أَصِلُ بينَ الْجُمْلَةِ و الْمِهنَةِ الْمُناسِبَةِ في الصُّورةِ :

أَحْمِي الْوَطَنَ

أُعالِجُ الْمَرْضى

أَخِيطُ الْمَلابِسَ

أَخْبِزُ الْخُبْزَ

٢ أَصِلُ بَيْنَ الْمِهْنَةِ والأَدَاةِ الْمُناسِبَة :

٣ أَكْتُبُ أَسْفَلَ كُلِّ صُورَةٍ اسْمَ الْمِهْنَةِ الدَّالَةِ عَلَيْها ، كَما فِي الْمِثالِ:

| طَبيبٌ | مُعَلِّمَةٌ | مُبَرْمِجٌ |
| جُنْدِيٌّ | نَجَّارٌ | خَيَّاطَةٌ |

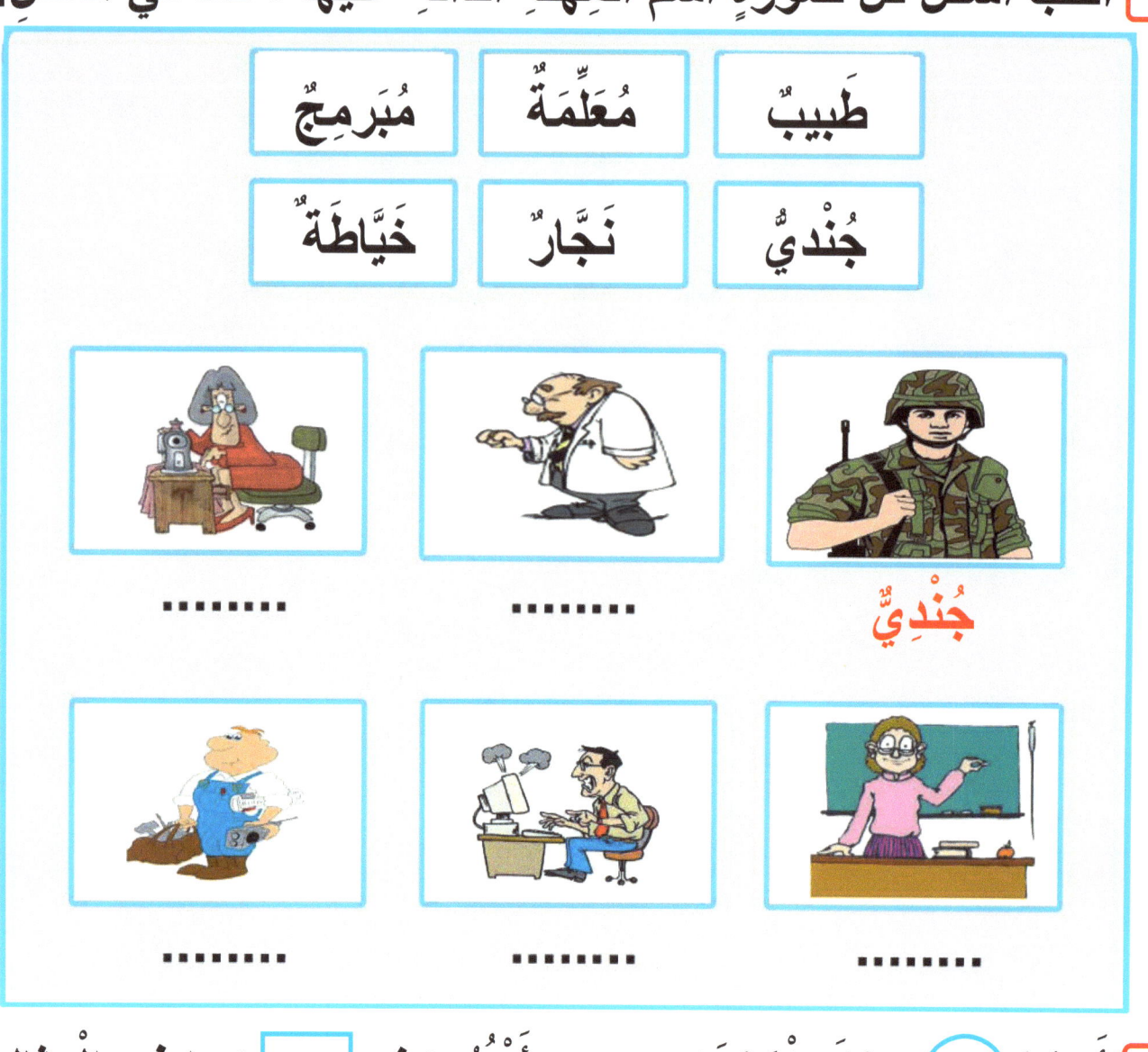

جُنْدِيٌّ

٤ أَرْسُمُ ◯ حَوْلَ الْهَمْزَةِ (ء) وَأَكْتُبُها في ☐ كَما في الْمِثالِ :

أَسْماءُ	الدَّواءُ	مَساءُ	أَوْلادُ
ء			
أُسْرَةُ	سَوْداءُ	إِبْرَةُ	سَنَاءُ

٥ أكْتُبُ الْحَرْفَ الْمُناسِبَ مِما يأتي في الْفَراغِ ، لِأُكَوِّن كَلِمَةً مُفيدَةً :

أَ   أُ   إِ   أْ

...صْبَعٌ   ...سْرَةٌ   ...رْجُوحَةٌ   ...ذُنٌ

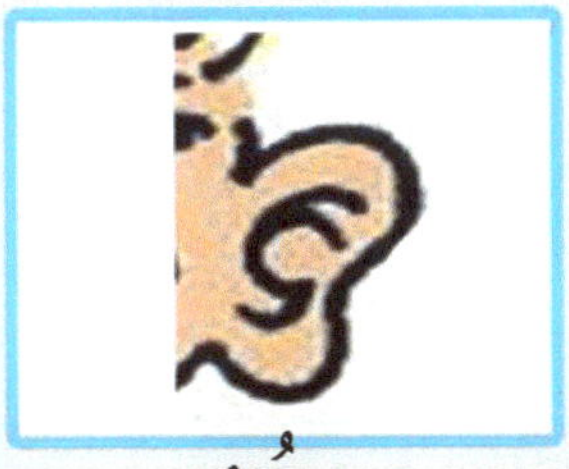

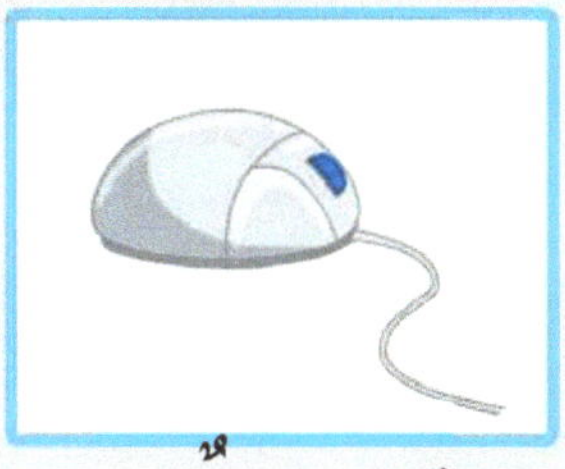

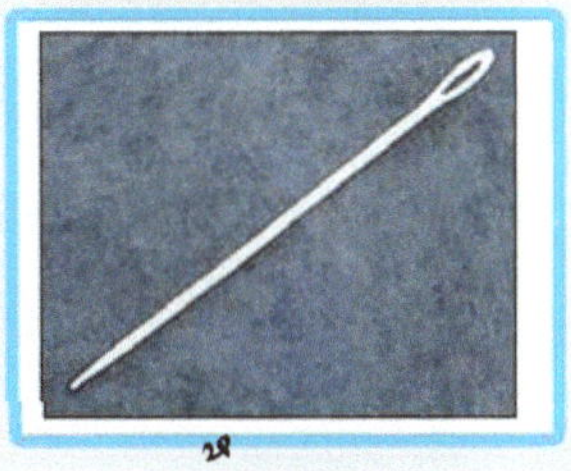

فـ...رَةٌ   ...بْرَةٌ   ...رْنَبٌ   رَ...سٌ

...سَدٌ   ...يمَانٌ   ...سَامَةُ   فَـ...سٌ

٦ أكْتُبُ الْهَمْزَةَ (ء) في نِهايَةِ الْكَلِماتِ ثُمَّ أقْرَأُ :

مَسا...   سَودا...   سَما......

سَنا...   مَيْنـا...   تَيْمـا...

أَسْما...

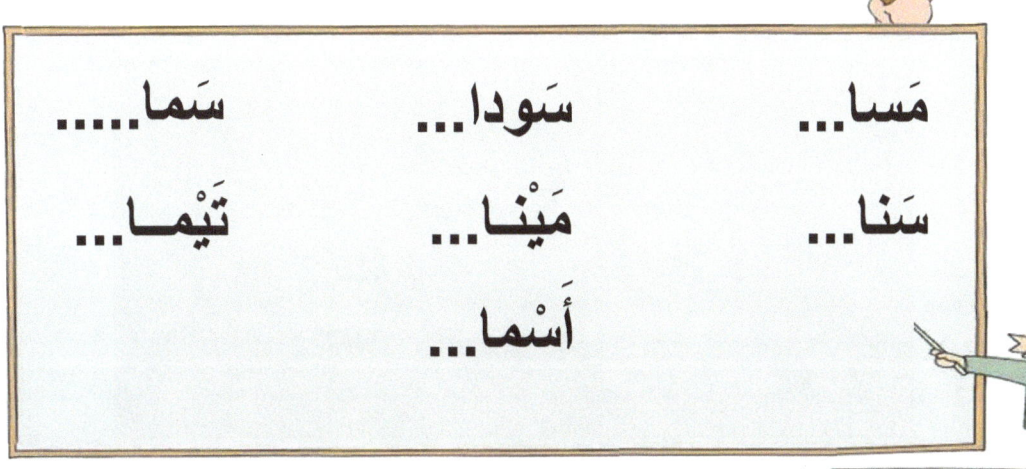

٧ أرْبِطُ بَيْنَ الْحَرفِ في العَمودِ الْأَوَّلِ ، وَالْمَقْطَعِ الْمُناسِبِ في الْبالون كَما في الْمِثال :

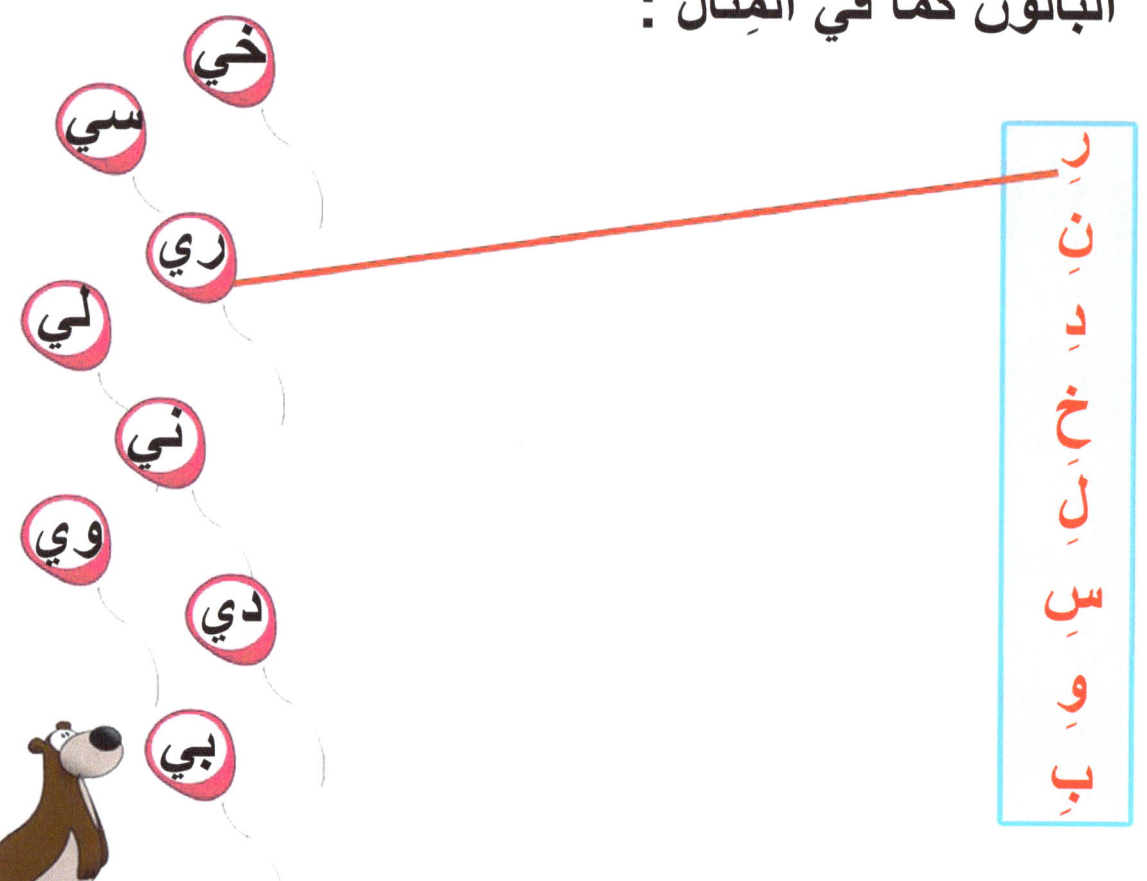

رِ
نِ
دِ
خِ
لِ
سِ
وِ
بِ

٨ أصِلُ بِخطٍّ بَيْنَ الْمَقْطَعِ ، وَالْكَلِمَةِ الْمَوْجودِ فيها :

ني	خَليج
بي	نيسان
لي	سيناء
مي	رَبيع
سي	مَيْناء

٩ أَخْتارُ أَحَدَ الْحُروفِ وَأَضَعُهُ في الْفَراغِ لِأَحْصُلَ على كَلِمَةٍ ، ثُمَّ أَقْرَأُ :

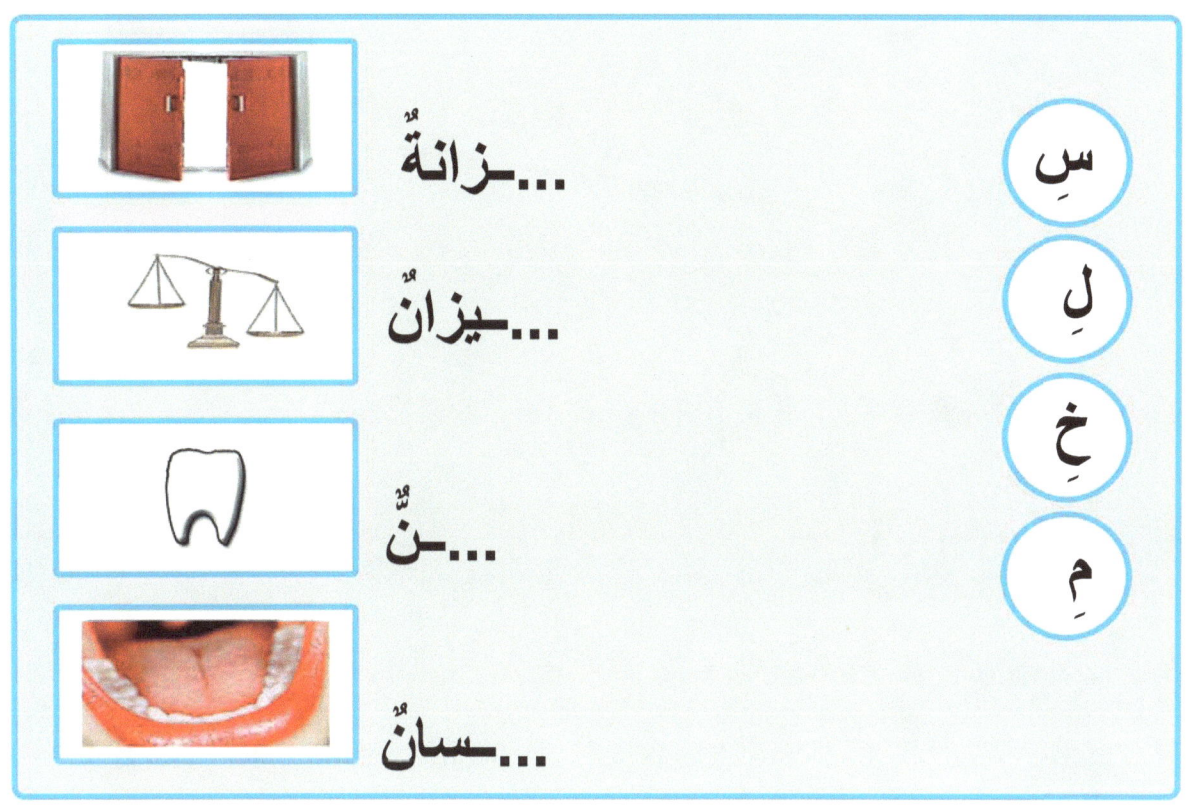

سِ   لِ   خِ   مِ

...ـزانَةٌ

...ـيزانٌ

...ـنٌّ

...ـسانٌ

١٠ أَلْفِظُ الكلماتِ الآتـية وألاحظ صوتَ الْحَرفِ الْمُلوَّنِ :

ساخِنٌ ، سَريرٌ ، وسيمٌ ، لسانٌ

سِنٌّ ، منيرٌ ، سميرٌ ، نديمٌ

لميسُ ، سَمينٌ

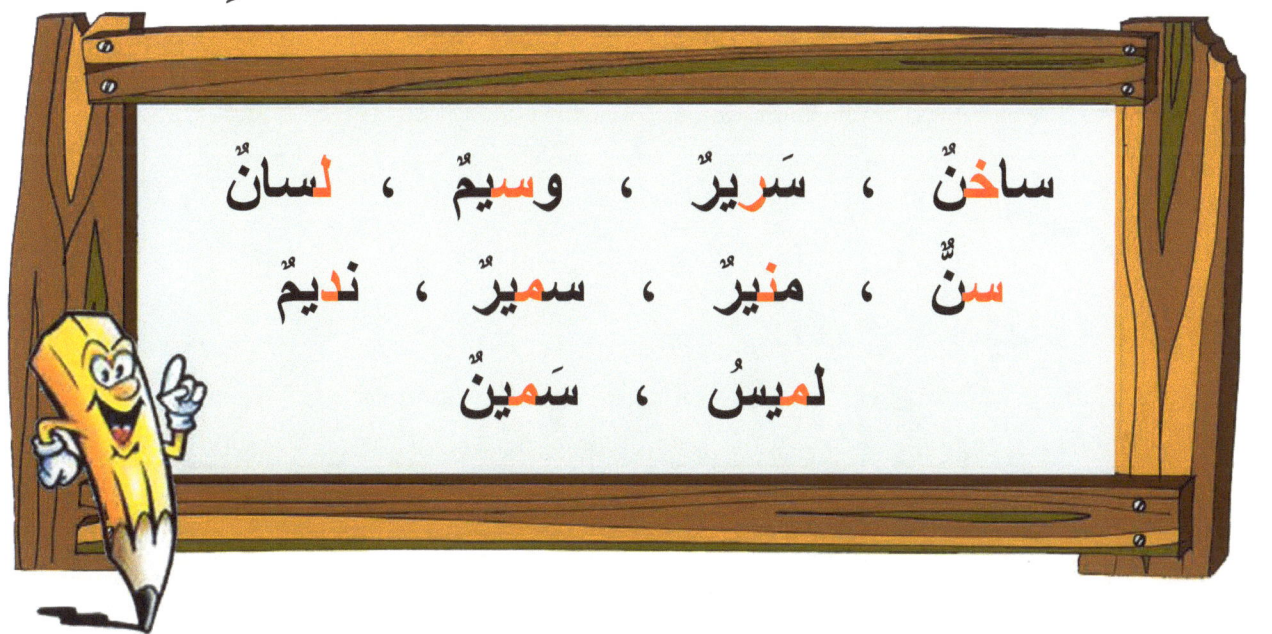

١١ أَكْتُبُ أَسْفَلَ كُلِّ صُورةٍ الْكَلِمةَ الدَّالَّةَ عَليها كَما في الْمِثال :

ماء

....

....

....

....

....

....

....

....

....

....

....

....

....

....

....

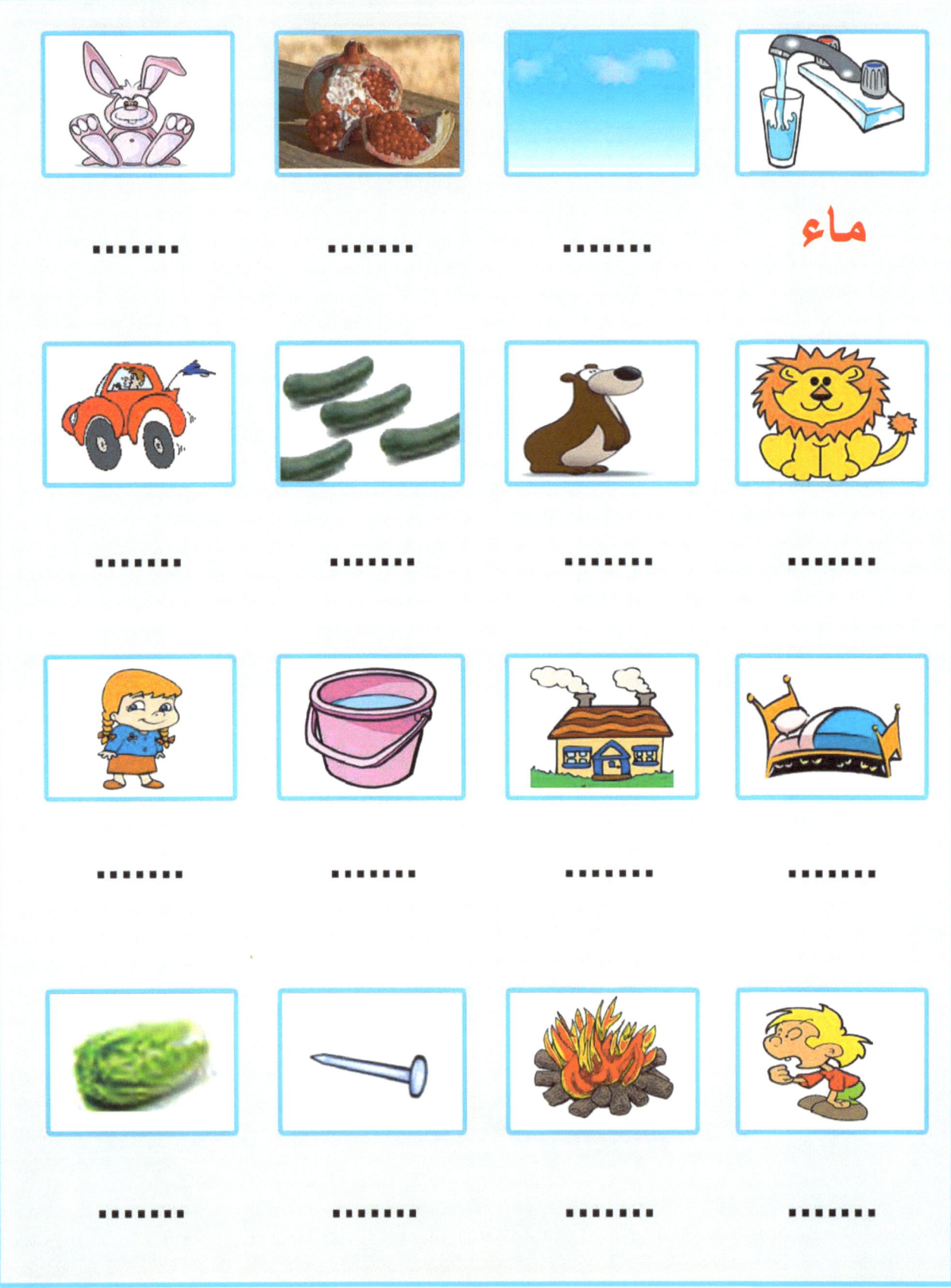

١٢ أَسْتَبدلُ الْحَرَكَة عَلى الْحَرفِ الأخيرِ بِحَرْف (ي) ثُمَّ أقْرَأُ ، كَما في الْمِثال :

عَلَمِ
عَلَمِي
كِتَابِ
كِتَابِـ...
دَفْتَرِ
دَفْتَـرِ...
لِسَانِ
لِسَانِـ...
أَسْنَانِ
أَسْنَانِـ...
١٣ أَقْرَأُ ثُمَّ أَكْتُبُ :

أُحِبُّ أَنْ أَرْسُمَ السَّماءَ .

....

....

....

الدَّرْسُ الخامسَ عَشَرْ

حرف (ز): صَوْتًا ، نُطْقًا ، تَرْكِيبًا ، تَجْرِيدًا وَرَسْمًا

(ز)

أُمَيِّزُ الحرفَ (ز) من الحرف (ر)

أَقرأُ نصًّا طويلًا ، أَستوعِبُ وأُعَبِّرُ شفويًا

١ أَكْتُبَ كَلِمةً مُعبِّرةً عن الصُّورَةِ وأَقرأُ :

زَارَ ...... حَديقَةَ الْحَيَوانات ، شَاهَدَتْ رَبابُ

......مُسْرِعًا ، قَالَ خَالدُ : عُنُقُ

...... طَويلٌ ، أَمّا إِيادٌ فَقَالَ : ...... الطَّاووسِ

جَميلٌ وَمُلوَّنٌ .

٢ أَكْتُبُ كَلِماتٍ أُخْرَى لأَحْصُلَ عَلى جُمْلَةٍ جَديدةٍ :

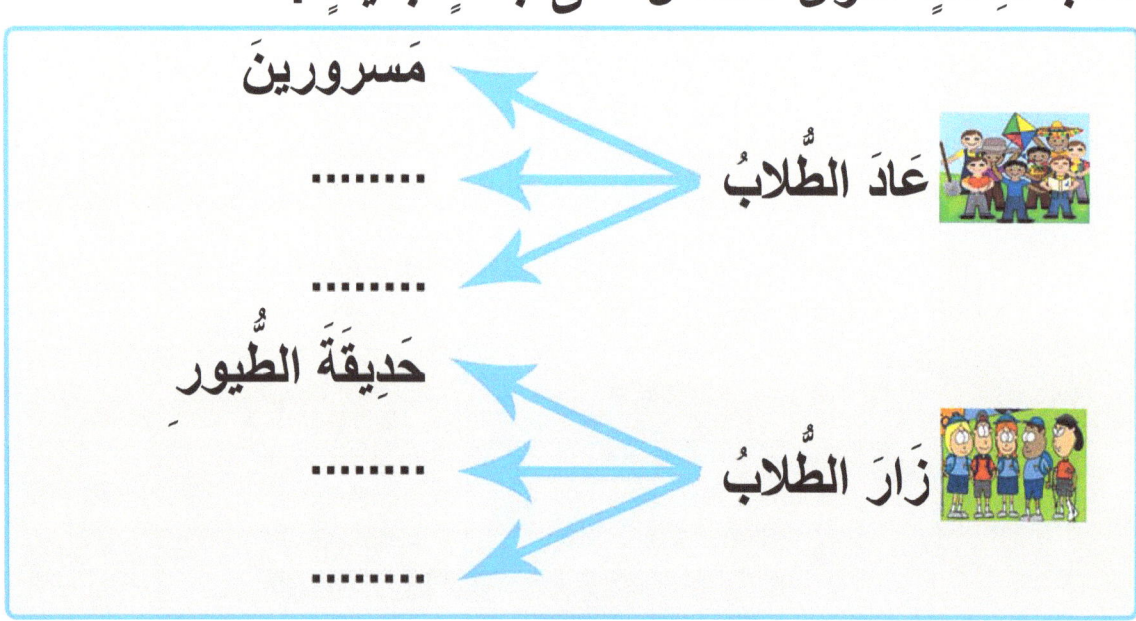

عَادَ الطُّلابُ ← مَسرورينَ

← ....

← ....

زَارَ الطُّلابُ ← حَدِيقَةَ الطُّيور

← ....

← ....

٣ أَقْرَأُ وأَرْسُمُ ◯ حَوْلَ حَرْفِ (ز) في كُلِّ كَلِمَةٍ مِما يأتي :

- زَارَ زَيْدٌ صَديقَهُ زِيادًا ، وَقَدَّمَ لَهُ شَطيرَةَ زَيْتٍ وزَعْترٍ .

- قامَ مَازِنُ بِزِيارَةِ مَدينَةِ الزَّرقاءِ وَاشْتَرى كِيسَ أرُزٍّ .

٤ أَصِلُ بِخَطٍّ بَيْنَ الْمَقْطَعِ وَالْكَلِمَةِ الْمَوجودِ فيها :

زا	تزُورُ
زو	نِزارٌ
زي	عَزيزٌ

٥ أَكْتُبُ الشَّكْلَ الصَّحيحَ لِحَرْفِ (ز) في الْفَراغِ ثُمَّ أَقْرَأُ الْكَلِمَةَ :

خُبْـ...

...هْرَةٌ

خِـ...انةٌ

تِلْفا...

...رافَةٌ

غَـ...الٌ

مَنْـ...لٌ

أَ...رَق

٦ أكْتُبُ في الْفَراغِ الحَرفَ الْمُناسِبَ :

زَ

زُ

زِ

...هور

...يتٌ

...ر

مَنْـ...لٌ

...هري

...يتون

٧ أُمَيِّزُ حَرفِ (ر) من حرف (ز) ، ثُمَّ أضَعُ النُّقْطَةَ ، لِأُكَوِّن كَلِمةً تَدُلُّ عَلى الصُّورةِ ، كَما في المثال :

زِرٌّ

جَررٌ

مِرمارٌ

رامورٌ

ريتٌ

خَررٌ

غَرالٌ

رَرافَة

٨ أُرَكِّبُ مِنَ الْحُروفِ كَلِماتٍ ثُمَّ أَقْرَأُ :

ز	ا	ر			....
ز	ي	ا	ر	ة	....
م	ي	ز	ا	ن	....
ح	ا	ز	م		....

٩ أَقْرَأُ ثُمَّ أَكْتُبُ :

زارَ	رامِزٌ	مَنْزِلَ	زَيْنَب
....	....	....	....
....	....	....	....

زا	زَ	زو	زُ	زي	زِ
....	....	....	....	....	....
....	....	....	....	....	....

الدَّرْسُ السَّادسَ عَشَرْ

حرف العين : صَوْتًا ، نُطْقًا ، تَرْكِيبًا ، تَجْرِيدًا وَرَسْمًا

(ع ، ع ، عـ)

أَقرأُ جملًا طويلةً وجديدةً ، أُكوِّنُ جملًا من كلماتٍ مُبعثرةٍ

١ أُصفقُ عِنْدَما أَسْمَعُ صَوْتَ الْحَرْفِ (ع) عِنْدَ لَفْظِ الْكَلِماتِ الآتيةِ:

الْعَالي ، زِيارَةٌ ، دُموعٌ ، بَيْتٌ

الرَّاعِي ، أَلْعَابُ

٢ أكْتُبُ الحَرفَ الَّذي تَبْدَأُ بِه الْكَلِمَةُ مَعَ الحَركةِ الْمُناسِبَةِ :

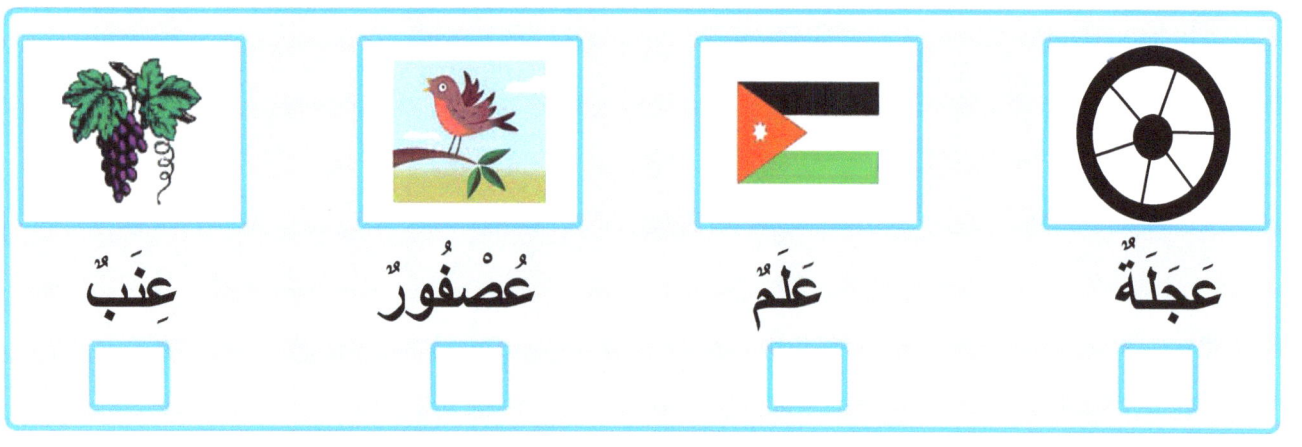

عَجَلَةٌ	عَلَمٌ	عُصْفُورٌ	عِنَبٌ
☐	☐	☐	☐

٣ أَكْتُبُ في الْفَراغِ الْحَرْفَ الْمُناسِبَ فيما يأتي:

ع ، عـ ، ـعـ ، ع

- جا... ...ـامرٌ بـ...ـدَ اللَّـ...ـبِ . مَـ... ...ـمَر

فَقالَ : نُكْمِلُ اللَّـ...ـبَ بَـ...ـدَ تَناوُلِ الطَّـ...ـامِ .

- ...ـزَفَ ...ـيدٌ ...ـلى الْـ...ـودِ .

٤ أَخْتَارُ مِنْ الْمَقاطِعِ مَقْطَعًا مُناسِبًا وَأُكْمِلُ بِهِ الْكَلِمَةَ :

را   عا   ـلا

طـ...م

عي   دي   خي

را...

دو   عو   ـعا

ألـ...ب

لو   عو   لي

مَسْـ...د

٥ أُحلِّلُ الْكَلِماتِ إِلى حُروفِها كَما في الْمِثال :

عَمِلَ	عَ	مِـ	ل	
لَمَعَ				
مَعْمَل				
راعي				

٦ أَحْذِفُ مِنْ الْمُربعِ الْحُروفَ الْمَوجودَةَ على الشَّجَرَةِ ثُمَّ أجْمَعُ بَقيةَ الْحُروفِ وَأَكْتُبُها بِالتَّرتيبِ لِأُكَوِّنَ كَلِمَتَيْنِ ثُمَّ أَقْرَأُ :

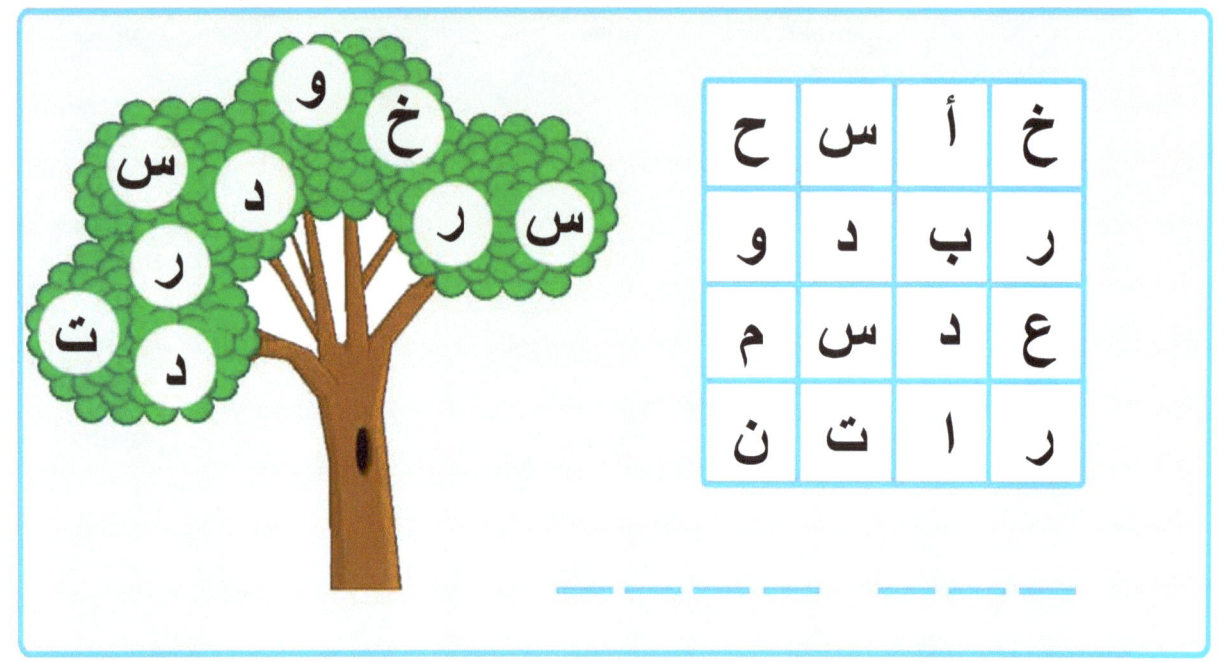

خ	أ	س	ح
ر	ب	د	و
ع	د	س	م
ر	ا	ت	ن

٧ أُكوِّنُ مِنَ الْحُروفِ الآتية كَلِماتٍ لَها مَعْنىً ، وَأَكْتُبُها في الْغَيْمةِ كَما في الْمِثالِ :

٨ أُرتِّبُ الْكَلِماتِ الآتـية لأكوِّن جُمْلَةً مُفيدَةً :

- تَامِرٍ ، مَلابسَ ، عليٌّ ، لَبِسَ

....

- بِطاقَةَ ، اشترى ، هاتِفٍ ، رَامي

....

- خَليجَ ، زُرْنا ، العَقَبَةِ

....

- الطُّلابُ ، حَديقَةَ ، زارَ ، الْحَيَوانات

....

٩ أَقْرَأُ ثُمَّ أَكْتُبُ :

عَمِلَ عَامِرٌ في مَعْمَلِ عُمَرَ

....

....

عا عَ عو عُ عي عِ

....

....

ب
أ ، ى ، و ، ي
س ، ر ، م ، ت
ة ، ـة ، د ، ن

١ أَكْتُبُ الْحَرْفَ النَّاقِصَ مِنْ أَسْماءِ الصُّوَرِ الآتية :

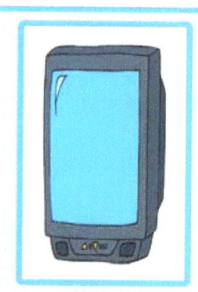

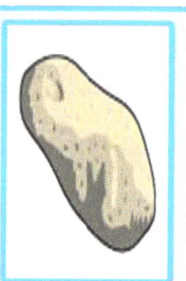

...لْفازٌ

بِنايَـ...

...طاطا

صُـ...ـدوقٌ

...لعبٌ

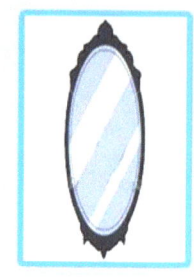

مِـ...آةٌ

حافِلـ...

مَـ...رسةٌ

...يَّارةٌ

ألْـ...انٌ

حَلْو...

قَمَـ...

شَمْـ...

شَجَرَ...

حِصَا...

٢ أَرْسُمُ ◯ حَوْلَ الْحَرْفِ الْمُشْتَرَكِ بَيْنَ كَلِماتِ كُلِّ مَجْمُوعَةٍ وَأَكْتُبُهُ في ☐ :

بَيْتٌ ، بَنْدورَةٌ
عِنَبٌ ، عبيرُ
ربيعٌ
زُهَيْرٌ ، زَهْرَةٌ
مِزْمارٌ ، زَيْدٌ
ساخِنٌ ، خَروفٌ
شَيخٌ ، خِيارٌ

٣ أَصِلُ بَيْنَ الْحَرْفِ والْمَقْطَعِ الْمُناسِبِ فيما يأتي كَما في الْمِثالِ :

رُ	دا
لُ	ما
مَ	نو
نُ	تي
تِ	لو
دَ	رو

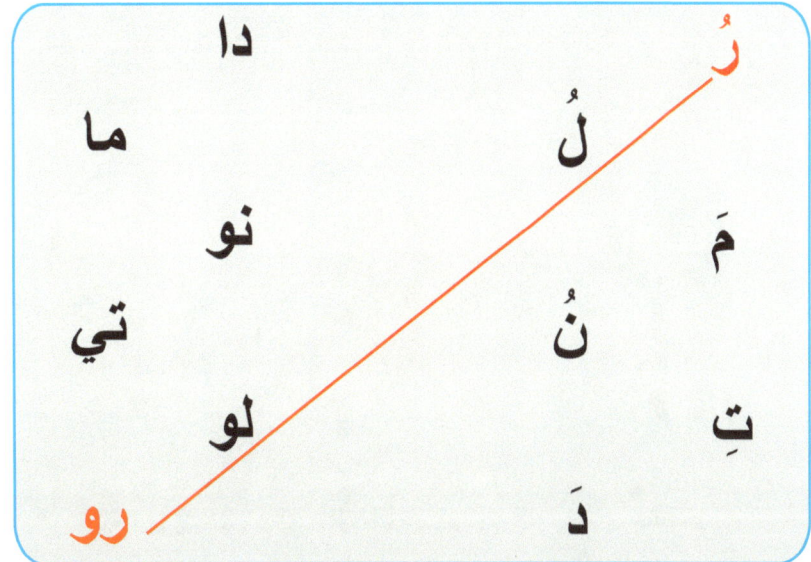

٤ أَشْطُبُ أُفقِيًّا الْحُروفَ الَّتي تُشَكِّلُ الْكَلِمَةَ في الْعمودِ الْمُقابِلِ وَأَجْمَعُ ما تَبَقَّى مِنَ الْحُروفِ لِأُكوِّنَ كَلِمَتيْنِ لِاسْمِ فاكِهَةٍ نُحِبُّها كما في الْمثالِ:

- ~~مثال~~
- خِيارٌ
- مَدْرَسَةٌ
- لَوْنٌ
- سَمينٌ
- خاتَمٌ

خ	م	ن	ا	ل
و	خ	ي	ا	ر
م	د	ر	س	ة
خ	ع	ل	و	ن
س	م	ي	ن	ن
خ	ا	ت	م	ب

.... ا ....

٥ أَكْتُبُ كَلِماتٍ تَبْدَأُ بِالْأَحْرُفِ الآتِيَة:

٦ أَكْتُبُ الْحَرْفَ النَّاقِصَ في كُلِّ كَلِمَةٍ مما يأتي:

كِتا...

...فْتَرٌ

خَيْـ...ـةٌ

حَقِـ...بَةٌ

قُـ..عَةٌ

...يشَةٌ

قَلْـ...

شَعْـ...

رَسَّـ...مٌ

لِـ...انٌ

جُنْدِ...

أَرْ...بٌ

٧ أَضَعُ الْحَرْفَ الَّذي في ◯ بَدَلاً مِنَ الْحرفِ الْمُلوَّنِ وَأحْصُلُ على كَلِمَةٍ جَديدَةٍ كما في الْمِثال :

سَار	دَ	.. دار ..
حُوتٌ	ت	....
زَارَ	نَ	....
سوري	دُ	....
بَيْتٌ	ن	....
سُوسٌ	ر	....

٨ أَنْظُرُ إِلى الصُّورَةِ ، وَأَكْتُبُ الْحرْفَ الَّذي تَبْدَأُ بِهِ الْكَلِمَةُ مَعَ الْحَرَكَةِ ، كَما في الْمِثال :

نَـ

....

....

....

....

....

....

....

٩ أَخْتَارُ الشَّكْلَ المُناسِبَ للْحَرْفِ وَأَضَعُهُ في مَكانِهِ المُناسِبِ كَما في المِثال :

١٠ أَجْمَعُ الْحُروفَ داخِلَ المُرَبَّعاتِ وَأُكَوِّنُ كَلِماتٍ مُفيدَةً ثُمَّ أَقْرَأُ :

س ا ر	ر س م	أ خـ ت
ر ي م		
ت ا م ر	ر سّ ا م	ا ل ب ي و ت
س يّ ا ر ة	ب ا ب ا	ن ا د ي

I0262667

www.ingramcontent.com/pod-product-compliance
Lightning Source LLC
Chambersburg PA
CBHW042034150426
43201CB00002B/26
9780615527123